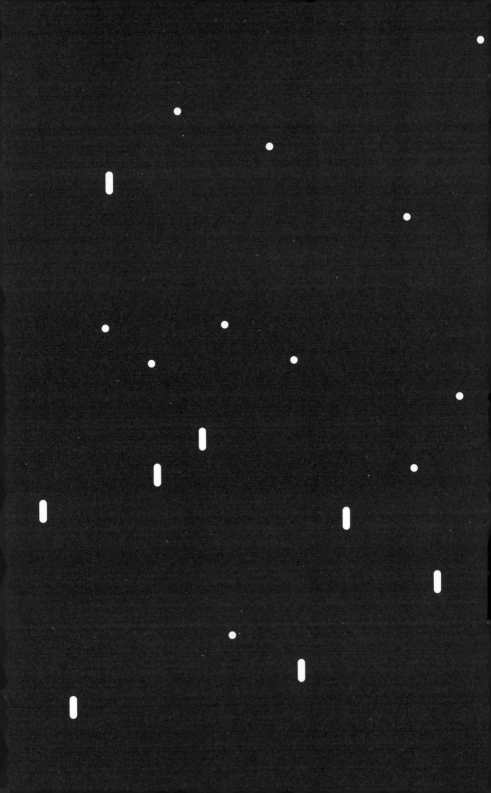

잘못된
길

1990년대 이후
래디컬 페미니즘 운동에 대한
비판적 성찰

잘못된 길

FAUSSE ROUTE | Elisabeth Badinter

엘리자베트 바댕테르 지음
나애리 · 조성애 옮김

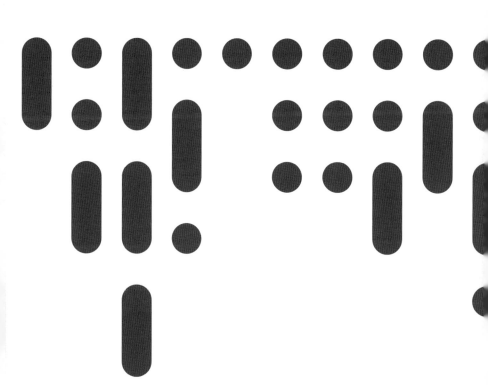

P 필로소픽

내 딸 쥐디트에게

차례

1990년대의 큰 변화

페미니즘 운동과 관련하여 1980년대의 분위기를 되살리려면 실제로 많은 노력이 필요하다. 이미 1970년대에 여성운동이 엄청난 승리를 거두었고, 게다가 좌파 정권이 수립되어 1980년대에는 모두들 희망과 기대에 차 있었다. 어떤 여성들에게는 무한히 행복한 시대였고 열광의 도가니에 빠져들 정도였다. 20년도 채 안 되어, 페미니스트들은 그야말로 영광스러운 결과에 대해 흡족해할 수 있었다. 여성 취업률의 급격한 성장으로 여성은 일종의 독립을 할 수 있었다. 자기 자신과 아이들의 삶을 경제적으로 책임질 수 있게 된 여성들은 더 이상은 참기 어려운 남편들을 떠날 수 있게 되었다. 이런 소중한 자유는 그 이전 세대 여성들에게는 사뭇 생소한 것이었다. 이혼율이 지칠 줄 모르고 증가하게 되었고, 전통적인 결혼관은 점점 더 무의미해져 갔다.

천년의 굴레에서의 탈출!

서양 여성들은 피임과 낙태 덕분에 인류 역사상 유례없는 권력을 갖게 되었다. 누가 뭐래도 이 혁명은 남성 중심 사회의 종말을 의미한다. "넌(남자는) 내가(여자가) 원해야만, 또 내가(여자가) 원할 때에만 아빠가 될 수 있어!" 결국 여성들의 수많은 승리와 더불어 이제까지 남성 영역이었던 많은 분야에서 여성들의 이름이 쏟아져 나오게 되었다. 파리의 이공과 전문 대학 에콜 폴리테크니크 Ecole Polytechnique에 입학한 첫 여학생부터 최초의 여성 경시청장, 그 외 최초를 기록하는 여성들을 비롯하여 프랑스 최고 재판소의 최초 여성 재판장에 이르기까지 '최초의 여성'이란 말이 증가함에 따라 성별에 관한 개념 자체가 무너지는 것 같은 느낌이었다.

　전통적인 여성상은 점차 사라져 가고, 더욱 씩씩하고 강한 여성 상이 자리 잡게 되었다. 이들은 자신의 의지대로 행동했으며, 이 세상을 장악해 갔다. 마침내 역할이 바뀌고 있었던 것이다. 여성을 조연급으로 취급했던 수천 년간의 폭군 정치가 사라져 가고, 이제 여성은 영화의 주인공이 되고 남성은 조연급으로 전락하게 되었다. 이런 역할의 전도는 반가운 현상이었을 뿐 아니라, 새로운 '남녀 경계선'을 찾고 있던 여성들에게는 분명히 귀한 에너지원이 되었다. 그런데 사실 '남녀 경계선'이란 단어 자체도 문제가 있다. 그동안 남자에게 속했던 모든 것은 여자의 소유가 되었지만, 여자에게 속한 것들은 남자의 손에 넘어가지 않기 때문이다. 이렇게 정복감에 부풀어 오른 여자들은 자신의 집과 세상을 장차 사신의 배우자와 함께 평등하게 나누어 갖게 될 것이라고 생각했다. 그 당시 프랑스에서 '양성평등'의 실현은 진정한 민주 사회가 되기 위한 최종 잣대였다.

　한편 미국에서는 남성과 여성을 다시금 대립적으로 보는 본질주의적, 분리주의적, 국가주의적인 구호를 부르짖는 여성 해방 운이 새롭게 대두되고 있었다.* 1980년 당시까지만 해도, 프랑스 여성들은 이러한 미국식 여성운동에 대해 무관심했으며 자신들은 주위의 남성들, 즉 아버지, 남편, 직장 상사 및 그 외의 모든 남성들과 안정된 관계를 유지할 수 있을 것이라고 꿈꾸고 있었다. 1980년대 미국의 여성운동들, 예를 들어 재능 많은 페미니스트 안드레아 드워킨Andrea Dworkin의 격렬한 항의나 변호사 캐서린 매키넌Catharine MacKinnon의 성추행과 포르노에 대항한 투쟁에 대해서는 오로지 프랑스 대학가의 몇몇 페미니스트들만이 글로 읽거나 들어 보았을 뿐이었다. 미국의 페미니스트들은 1980년대에 이미 여성에게 가해지는 모든 종류의 남성 폭력을 고발하고 있었고, 그로 인해 남성들에 대한 불신감이 증폭되고 있었다.

반면 프랑스를 비롯한 대서양 반대편 유럽의 여성들은 직장과 가사 때문에 노동 시간이 두 배로 늘어난 것에 대해, 그리고 이해할 수 없는 남성들의 무력증에 대해 관심을 기울이고 있었다. 그 당시 프랑스 사회가 지금에 비해 좀 덜 난폭했던 것이 사실이고, 그때까지만 해도 남성 폭력에 희생당한 여자들에 대해 별로 알려진 바가 없는 상황이었다. 따라서 1980년 프랑스에서 강간에 대한 법규가 강화된 것보다 오히려 미셸 피투시Michéle Fitoussi가 쓴

---

* 미국의 페미니스트들은 남성과 여성은 본질적으로 다르다는 '남녀 분리주의'를 내세우고, 남성은 폭력을 휘두르고 여성은 그에 대한 피해자라는 생각 아래 남성에 대항하여 투쟁하는 양식으로 여성운동을 전개하고 있었다.

《슈퍼우먼은 지긋지긋해Le Ras-le-bol des super-women》라는 짧은 책이 프랑스 여성들에게는 더 감동을 주었다. 이 책은 재미있기만 할 뿐 비판 의식이 전혀 없는 책*이었다. 32세의 기자이며 두 아이의 어머니인 작가가 1987년 출간한 이 책은 1970년대의 페미니스트들의 정원에 던져진 첫 번째 돌이었고, 그 반향은 실로 컸다. 책 제목 자체가 매스컴에서 자주 쓰는 표현이 되어버렸고 'Le Ras-le-bol'(지긋지긋함)은 '우리 여성들은 속았다'라는 말을 대신하는 새로운 표현이 되었다.

결국 여성들은 속은 셈이다. 이제 와서 성해방과 양성평등을 부르짖기 이전의 옛날 상태로 다시 되돌아간다는 것도 불가능하고, 또 자신의 가정생활이나 직장생활 둘 중의 하나를 희생해야 한다는 것은 생각지도 못할 일이기 때문에, 대부분의 여성들은 무슨 일이 있어도 자신들의 어머니가 밟았던 길을 그대로 되밟아 갈 수밖에 없다. 여하튼 이제는 더 이상 콧노래를 부르며 남성의 영역을 정복할 시기가 아니다. 이런 상황은 심리학적인 문제를 유발했고, 결국 새로운 사회 정서와 맞물리게 되었다. 우선, 남성에 대한 실망감이다. 대부분의 남성들은 동등한 관계를 형성하기 위한 일

---

* 직장에서는 탁월한 능력을 인정받는 멋진 여성이면서 가정에서는 요리와 살림을 잘하는 좋은 아내, 헌신적인 어머니가 되어야 한다는 것은 사실 초인적인 것으로, 슈퍼우먼이 되어야만 이런 완벽한 여성이 될 수 있다고 믿었던 여성 주인공이 이제는 이런 상황에 대해 진저리를 내기 시작한다는 이야기이다.

에 참여하지 않았다. 어쨌든 충분히 빨리, 충분히 잘 참여하지 않았다는 뜻이다. 어머니와 아버지의 노동 시간을 비교해 보면 알 수 있다. 20년 전부터 실제 변한 것은 아무것도 없다. 여성들은 아직도 가사의 4분의 3을 혼자서 떠맡고 있다. 그러니 씁쓸한 기분에 빠질 수밖에⋯ 실망감은 너무도 자연스럽게 원망스러움으로 변해 갔다. 이루지도 못할 '양성평등'이라는 목표를 부르짖다가 침묵 속으로 빠져 버린다거나 "내가 죄인이요Mea Culpa"라며 숨어 버린 페미니스트들에 대한 원망! 남성들이 장악하고 있는, 따라서 가정주부의 문제는 아랑곳하지도 않는 국가에 대한 원망! 그리고 결국 자신들의 끝없는 무기력함을 여자들에게 내보이고 싶지 않아 하면서 한편으로는 자신들의 권력을 행사할 수 있는 '사냥터'를 지키기 위해 필사적으로 투쟁하는 남성들에 대한 원망!

1990년대 초부터 시작되어 온 경제 위기가 심화되면서 남성에 대한 이런 부정적인 견해는 더욱 증대되었다. 수백만 명의 남성들이 실직하게 되고, 여성의 실직 비율은 더 높았다. 페미니스트들이 이것저것 요구할 수 있는 유리한 시대가 아니었다. 오히려 사회는 전반적으로 위축되었고, 아이를 둘 가진 주부인 많은 직장 여성들, 특히 경제적으로 안정되지 못한 계층의 어머니들은 직장을 떠나 집으로 돌아가야만 하는 상황이었다. 결국엔 직장을 떠나 프랑스 최저임금SMIC의 절반에 해당하는 정부 보조금에 의지해야 했다.

여성들이 이런 무력감을 경험하는 동안 '새로운 의식'이 우리 사회에 등장하여 기존의 가치관을 조금씩 뒤집어 버리게 되었다. 파스칼 브루크너Pascal Bruckner는 서양 남성들이 자신은 결백하다는 생각에 너무나 쉽게 빠져드는 경향을 보인다고 지적한다. 남성이 스스로를 피해자로 자처하려는 의식은 1980년대 후반에 시작되어 지금은 더 심화되었다. 산을 번쩍 옮겨 버리는 투사가 아니라, 오히려 스스로 무력함을 밝히는 희생자가 새로운 영웅의 모습이 되어 버렸다. "불운은 선택받은 자와 같은 의미이다. 불운을 겪고 스스로 선택한 사람들은 고귀하게 보이고, 현재의 인간적인 것에서 탈피하여 영광으로 승화된다(…)." "나는 지금 고통받고 있다. 따라서 나는 가치 있는 사람이다"라고 브루크너는 결론 내렸다. 모든 고통에는 고발과 보상이 따른다. 이처럼 불운을 당한 '희생자로 자처하기'가 사회에 만연하게 되면서 이들 희생자를 보호하기 위한 법정의 위력은 더욱 강력해졌다. 이제 사람들은 가해자들에게 어떤 형벌과 제재를 가할 것인가만을 화젯거리로 삼게 되었다.

페미니즘도 이러한 흐름을 비껴가지는 못했다. 오히려 앞장서서 그런 흐름을 주도해 나갔다. 이제는 대단한 업적을 성취한 여성보다 '남성 중심 사회의 희생물인 여성'에게 더 관심을 갖게 되었다. 슈퍼우먼에 대한 사람들의 생각은 부정적이 되었다. 슈퍼우먼은 이제 비정상인으로 간주되고, 심지어는 **고통받는** 다른 여성들과의 공동 연대 계약을 저버린 이기적인 특권자로 간주되었다. 이런 상황에 대한 좋은 예가 바로 위대한 업적을 이룬 여성 항해

사 엘렌 맥아더Ellen MacArthur의 경우이다. 그녀의 업적에 대한 기사가 모 여성 잡지 어느 페이지에 어떤 투로 실려 있는지만 보아도 쉽게 상황을 알 수 있다. 이 작고 연약한 여자는 많은 건장한 남성 주자를 제치고 그 어려운 요트 경기 '럼의 길Route du rhum'*의 승자가 되었지만 여성 잡지사 기자들의 지대한 관심을 모으지는 못했다. 여성 잡지《엘르Elle》는 표지에 '우리의 여자 영웅'이라는 제목을 달았지만, 맥아더의 모습이 잡지 표지를 장식할 필요는 없다고 판단했다. 이보다 몇 년 전, 또 다른 여성 항해사 플로랑스 아르토Florence Arthaud에게도 비슷한 일이 일어났다.《마담 피가로 Madame Figaro》는 아르토에게는 사진 밑에 고작 몇 줄만 할애한 반면, 그녀와 그녀의 경쟁자 중 하나였던 남자 선수에 대해서는 꽤 긴 설명을 실었다. 그 남자 선수가 항해 중 겁이 나서 출발 몇 시간 후 다시 항구로 돌아왔다고 솔직하게 고백한 용기를 칭찬하면서 말이다.

여자 운동선수들의 공로는—특히 남자 선수들을 물리친 경우—생각보다 관심을 끌지 못한다. 왜냐하면 그녀들은 용기와 의지의 힘을 보여주기 때문이다. 미국의 과격한 페미니스트들에게는 이들의 강한 이미지가 오히려 여성의 소중한 이미지, 즉 '무능

---

* 예전에 럼주를 유럽으로 가져오기 위해 지나던 뱃길을 뜻했으나, 지금은 프랑스에서 대서양을 가로질러 서인도 제도까지 항해하는 단독 항해(solo sailing)경기를 의미한다.

력하고 보호를 요청하는 이미지'와 상충되는 것이다. 높은 수준의 여자 운동선수들, 능력 있는 여자 탐방 기자들, 그리고 남성이 주로 활동해 온 영역에서 능력을 발휘하는 모든 여성들은 오늘날 우리 사회의 지배적인 이데올로기와 부합되지 않는다. 그러므로 능력 있는 여성들은 무시되고, 사회적 관심의 초점은 끊임없는 남성적 억압으로 모아지게 된다.

이러한 상황에 대해서 어떤 여성들은 아무것도 변한 것이 없다고 하고, 또 다른 여성들은 오히려 예전보다 못하다고 말한다. 여하튼 '남성 폭력'은 유례없이 확실하게 비판의 대상이 되었고, 이때부터 성폭력은 다른 사회적 폭력과 동일시되었다. 남자들은 여자들을 지배한다는 이유로 죄인으로 몰려 **손가락질 받게** 되었고, 어찌할 바를 모른 채 당황해하고 있다. 게다가 많은 사회학자와 인류학자 들은 '자연이나 문화에서 남성 지배는 보편적으로 이루어지고 있다'고 함으로써 '남성 지배'를 다시 한번 확인해 주었다. 따라서 필연적으로 파생될 수밖에 없는 결론은, '여자는 항상, 어디에서나 열등한 위치에 있고 실제적 또는 잠재적 희생물이다'라는 것이다. 그런데 여성들은 '임신하여 아이를 낳는 분야'에서는 여성들이 뒤처시지 않는다는 것을[1] 거의 인정하지 않는 듯하다.

---

1   생식에 관한 신기술(예를 들어 인공 수정 등등)의 발달로 인해 남성의 생식 활동 참가는 점점 더 감소하고 있다. 여기에서 생명 복제술의 발달로 인한 수컷(혹은 남성)의 필연성은 더 말할 나위도 없이 감소되고 있다.

이 사실을 인정한다고 해도 그것을 기반으로 모든 결론을 도출해
내야 한다는 것을 잊고 있다.

이런 '희생자로 자처하기'[2]가 이점이 없는 것은 아니다. 희생자
는 무엇보다 선한 쪽으로 생각된다. 희생자는 항상 옳을 뿐 아니
라 가해자에 대한 가차 없는 증오에 비례하여 동정심을 유발하기
때문이다. 형벌을 내리는 사람들은 그것을 잘 알고 있다. 대중들
이 피고석에 있는 범죄자와 자신을 동일시하는 일은 극히 드물다.
그리고 이렇게 '여성을 희생자화'하는 것은 여성의 실제적 조건과
페미니스트들의 주장을 공통의 깃발 아래에서 연합하게 한다. 그
런 식으로 하면, 골치 아픈 문화적, 사회적 또는 경제적 차이점들
을 요술 지팡이처럼 한번에 없애 버릴 수 있다. 심지어 낯빛 하나
변하지 않고 '유럽' 여성들의 상황과 '동양' 여성들의 상황을 비교
하면서 "도처에서 여자라는 이유로 여성들은 증오와 폭력의 희생
자가 된다"[3]고 말할 수 있다. 파리 7구에 사는 부르주아 집안 여성
과 파리 외곽에 사는 젊은 아랍 여자가 똑같은 투쟁거리를 가지고
있다고까지도 말할 수 있게 된 셈이다.

그러나 실제 희생자와 가짜 희생자를 혼동함으로써 더 급박한
투쟁을 간과해버릴 위험이 있다. 대대로 내려온 압제자에 의해 억

---

2 자신을 무엇보다도 우선 '희생자'로 간주하는 태도를 지칭하는 신조어.
3 《앙투아네트 푸크》(Antoinette Fouque), 《마리안느》(Marianne), 2002년 12월
   9~15일자.

압받고 그들과 대항할 힘이 없는 여자들의 이미지를 끊임없이 강조함으로써 결국 이에 동조하지 않는 신세대 젊은이들의 신용을 잃게 되는 것이다. 게다가, 우리는 차세대에 무엇을 제안하는가? 고작 '더 많은 여성 희생자 내세우기'와 '남성들에게 더 많은 처벌 내리기'가 아닌가? 열광을 불러일으킬 만한 것은 아무것도 없다. 무능력한 여성의 이미지를 강조함으로써 우리의 일상생활에 변화를 줄 만한 일도 전혀 없다. 여성을 단순히 무능력한 피해자로만 전제하고 있는 지금의 페미니즘은 오히려 남성을 상대로 소송을 걸어야 한다는 강박 관념에 사로잡혀 있고, 여성 모두를 같은 희생자로 보는 문제점을 드러내고 있다. 결국 최근의 페미니즘은 애초의 목적이었던 투쟁에서 완전히 벗어나 버렸다. 모성 본능의 신화가 다시 대두되면서(누구도 이것에 대해 깊이 생각하지 않았다) 성적 자유는 '길들여진 성'이라는 이상형에 자리를 내주게 된다.* 모성애의 개념으로 여성을 정의한 것은 사실 여성을 보호하기 위해 헌법에서 성의 차이를 인정받는 것이 필요했기 때문이다. 그것은 마치 의회에 많은 여성들이 진출하게 된 것이 낡고 상투적인 모성애 덕분이라고 말하는 것과 같다.

이제는 다시 생각해 봐야 할 때가 왔다. 1990년대 초와 비교하

---

* 1990년 이전에는 '자유분방한 섹스'를 추구했는데, 최근에는 '여자의 성은 성스러운 것'이라고 주장하면서 '충동적이지 않고 잘 길들여지고 질서 있게 진행되는 섹스'를 주장하고 있다.(CHAPTER 3 참고)

여 실제로는 어떤 구체적인 발전이 있는가? 현재 매스컴을 통해 자주 듣는 페미니스트들의 주장[4]은 여성 대부분의 관심사를 반영하고 있는가? 여성, 남성에 대한 패러다임을 어떻게 발전시킬 생각인가? 어떤 유형의 성생활을 주장할 것인가? 경우에 따라서는 미국의 사례를 살펴보아야 하는 수많은 문제점들이 있다. 미국식의 모든 것을 그대로 우리가 수용했기 때문은 아니다. 단지 조금 늦게—늘상 그래 왔지만—우리가 미국인들에게서 몇 가지 아이디어를 가져와 우리 것과 혼합했기 때문이다. 그 결과는 두고 봐야 하는 것이다.

---

4   이들 페미니스트들의 주장은 대학에서 다루는 여성학과는 결코 같지 않다는 점을 상기해야 한다.

CHAPTER I

새로운
'방법 서설'

진실에 대한 데카르트적 논리는 이미 오래전부터 더 이상 통하지 않는다. '명백하고 분명한' 논리보다는 유추하고 일반화시키는 것, 말하자면 '서로 어울리지 않는 상이한 여러 요소들을 혼합한 아말감'[1]을 더 선호하게 된 것이다.

그러나 아말감은 학자의 도구라기보다는 오히려 정치인의 도구다. 게다가 근래의 새로운 페미니즘(여성을 희생자로 내세우고 남성 폭력을 고발하는 페미니즘)의 근간을 이루는 철학은 명확히 알아내기가 어렵다. 그 안에 문화주의, 자연주의, 결코 정체를 드러내지 않는 분리주의가 혼재해 있기 때문이다.

또한 원리 원칙에 의해 행동하는 것이 아니고, 일단 행동을 취

---

1   아말감: (프티 로베르 불어 사전의 정의) 서로 다른 여러 형체들의 공통점을 찾아내 인위적으로 병합시키는 방법.

한 후에 이를 정당화하는 것 같은 느낌을 종종 받는다. 왜냐하면 여성과 남성의 관계에 대한 이론보다는 이성을 고발하고, 억압 체제 자체를 고발하는 것이 오히려 주된 목적이기 때문이다. 새롭게 등장한 페미니즘이지만 따지고 보면 오래된 구식 철학과 다름없다. 이 새로운 페미니즘이 내세운 여성상은 우리가 원하든 원하지 않든 우리를 예전으로 되돌려 놓거나, 아니면 원하지 않는 곳으로 우리를 데려갈 수 있다.

아말감의 논리

아말감의 논리는 다른 어떤 것보다도 우선 성[性] 영역에 적용되었고, 일반화되고 유추되면서 발전했다. 주관적인 것과 상대적인 것, 대수롭지 않은 것과 중요한 것, 정상적인 것과 병적인 것, 육체적인 것과 정신적인 것, 의식적인 것과 무의식적인 것들이 혼합되어서, 이제는 더 이상 이들을 구별할 수 없게 되었다. 이제는 특수한 개념일 뿐인 성[性]과, 남성·여성의 관계를 통해 모든 것이 평가되고 있다.

폭력의 연속

30년 전부터 미국의 급진주의적 페미니즘은 수많은 여성 순교자들(남성 폭력의 피해자들)의 이름을 제시하기 위해서 성범죄의 연속적 고리를 꾸준히 만들어 왔다. 이런 흐름을 타고 여성에 대한 성적 탄압을 주제로 한 책 세 권이 불과 몇 년 사이에 출간되기도 했다. 첫 번째는 강간을 주제로[2], 두 번째는 성희롱을 주제로[3], 세 번째는 포르노를 주제로[4] 한 책이다. 저자는 수전 브라운밀러Susan Brownmiller, 캐서린 매키넌, 안드레아 드워킨이었으며, 책이 출간되자 그녀들은 상당히 유명해졌다. 그 후 드워킨과 매키넌은 공동 작업을 하며 사회에서 탄압받는 계층이 바로 여성이고, 성[性] 자체가 이 탄압의 근본적 원인이 된다는 의견에 입을 모았다. 그들은 남성에게 여성을 성적 대상으로만 취급할 수 있는 권리가 있기 때문에 남성의 사회 지배가 가능하게 된 것이라고 했다. 또 이러한 남성의 권리는 인류 역사의 초기에서 그 원천을 찾아볼 수 있는데, 바로 강간이라고 주장했다. 특히 강간, 성희롱, 포르노, 난폭한 행위(구타와 상해)는 한 세트가 되어 여성에 대한 폭력을

---

2   S. 브라운밀러, 《우리의 의지에 반하여, 남자, 여자 그리고 강간》(Against our Will: Men, Women, and Rape), 1975. 이 책에서 저자는 "강간은 남자들이 여자들에게 공포감을 조성하여 여자들을 소유하기 위한 의도적인 협박 수단일 뿐이다."라고 말하고 있다.

3   C. 매키넌, 《직장 여성에 대한 성희롱》(Sexual Harassment of Working Women), 1979.

4   A. 드워킨, 《포르노. 남자는 여자를 소유한다》(Pornography. Men possessing Women), 1981.

부추기고 있고[5], 매춘과 스트립쇼를 포함한 성과 관계된 모든 것들도 마찬가지이다. 그렇다면 결론은 하나밖에 없다. 남자들의 성 본능을 바꾸도록 강요해야 한다. 그러기 위해서는 법을 수정하고 법정에 제소해야 한다.

자유주의 페미니즘*은 급진주의 페미니즘**의 이와 같은 생각에 대해 반기를 들었다. 그것은 출판, 영화 등의 검열과 내용 삭제를 낳고, 성적 자유를 짓밟아 버리고, 남성에 대해 전쟁을 선포하는 것과 같기 때문이다.[6] 급진주의 페미니스트 안드레아 드워킨은 이런 반대 의견에 의해 더욱 더 자극받아 극단적인 상황으로까지 가게 되었고, 이 새로운 급진주의 페미니즘을 각인시키는 데 기여했다. 어쨌든 드워킨의 '희생자 철학'***은 자기의 길을 걸어갔다. 그녀는 여성을 유대인 강제 수용소의 생존자에 비유하기를 망설이지 않았으며, 남성 폭력으로부터 살아남은 '생존자'라는 단어는 그 후 많은 작가들의 저서에 등장했다.

드워킨의 협력자이자 유능한 변호사, 유명 대학의 법대 교수인 매키넌은 알다시피 여러 법적 투쟁을 성공적으로 이끌어 갔다. 매

---

* 수십 년 전부터 '성 해방'을 부르짖던 페미니즘.

** 남성의 성 탄압을 고발하는 최근의 페미니즘.

*** 여성이 남성의 희생자라는 생각.

5 C. 매키넌, 《수정되지 않는 페미니즘》(Feminism Unmodified), 1987, chap.7.

6 참조. 게일 S. 루빈(Gayle S. Rubin), 《성에 대한 사고. 성에 대한 정책의 근본적 논리에 대하여》(Penser le sexe. Pour une théorie radicale de la politique de la sexualité), 《성 시장=성을 사고팔기》(Marché au sexe), EPEL, 2001.

키넌은 1986년 미국 최고 재판소에서 성희롱을 성차별의 한 부류로 인정하게 했을 뿐 아니라 가장 보수적인 로비스트 세력들과 연계하여 미국 공화당의 유례없는 지지를 받았고, 1983년과 1984년 두 차례에 걸쳐 미니애폴리스와 인디애나폴리스에서 포르노에 대항한 '매키넌-드워킨MacKinnon-Dworkin'이라 불리는 법안을 통과시키는 데 성공했다. 따라서 포르노는 이제 민법상 권리를 침해하는 행위가 되었고, 영화, 책, 신문, 구별할 것 없이 법령은 즉각 효력을 갖게 되었다. 이제는 누구라도 여성에게 '열등한 상태에 있다'고 말한다면, 그 여성은 자신에게 수치심을 준 대상을 금지시킬 수 있게 되었다. 고전 문학과 영화도 여기에서 제외될 수 없었다. 영화나 문학 작품에 대해 어떤 여성이 자신에게 그 작품이 여자로서의 열등감을 느끼게 한다는 이유로 고소를 하면, 그 작품 역시 출판 또는 상영이 금지되었다. 이렇게 되자 이번에는 모든 페미니스트들이(베티 프리댄Betty Friedan에서부터 에이드리엔 리치Adrienne Rich를 거쳐 케이트 밀릿Kate Millett까지) 이 터무니없는 검열에 대해 강력하게 반기를 들고 일어났다. 격렬한 투쟁 끝에, 결국 표현의 자유에 관한 최초의 수정안이 마련되었다. 반면, 매키넌의 위세와 인기는 현저하게 올라갔다. 개나다 최고 재판소가 포르노에 대한 그녀의 이론 중 대부분을 채택하여 1992년 판결을 내린 것만 보아도 쉽게 알 수 있다.

그런데 이상하게도 드워킨의 책도 매키넌의 책도 프랑스어로 번역되지는 않았다. 어쩌면 이들의 생각이 프랑스 여성들의 사고

방식과 조화될 수 없다고 여겨졌기 때문일 수도 있다. 더욱 신기한 것은 그녀들의 이름이 프랑스 페미니스트들에게는 거의 거론된 적이 없다는 사실이다. 마치 그녀들이 표명하는 극단주의에서 너무 이단 냄새가 나기라도 한다는 듯이 말이다. 하지만 결국 드워킨과 매키넌의 사상 중 많은 부분이 우리와 가까운 퀘벡 사람들, 유럽의 각종 교육기관들, 그리고 그녀들의 사상이 가장 잘 전파된 미국 대학 캠퍼스의 많은 대학인을 통해 대서양을 건너왔다.

프랑스에서는 '희생자를 구원한다는 자각'에서부터 모든 것이 시작되었다. 1978년 엑상프로방스Aix-en-Provance에서 일어난 세 명의 강간 치한에 대한 소송은 사회 전반에 이런 사실을 알린 좋은 예가 되었다. 여성 단체 '여성의 입장을 선택한다Choisir-La cause des femmes'의 회장 지젤 알리미Giséle Halimi변호사는 세 명의 강간범에게 강간당한 두 여성을 변호했으며, 흔히 단순한 강제 추행죄로 그치고 마는 이 사건을 강간 소송으로 끌어올렸다. 경찰과 재판부는 강간당한 여성들이 수치심을 느끼게 하고, 오히려 여성 피해자들을 의심하여 이들이 고발하지 못하게 하려는 시도를 했었다. 이에 지젤 알리미 변호사는 경찰과 사법 당국을 상대로 소송을 제기했다. 남성적 가치가 지배해 온 세계에서 남성은 자연적으로 공격적인 본질을 갖고 있으며 여성은 마조히스트적인 수동성이 있다고 보면서 강간을 합리화해 왔기 때문에, 이것은 성범죄를 경시하는 프랑스 사회 전체의 '틀에 박힌 생각'을 고발하는 소송이라 할 수 있다. 사람들은 시민 토론회의 성격을 띤 이 소송 사건

덕분에 육체에 가해진 상해보다 오히려 정신적 상해가 치유되는 데 훨씬 오래 걸린다고 생각하기 시작했다. 감춰진 것이거나 아니면 한쪽 구석에 미루어 둔 것이거나 결국 고통은 돌이킬 수 없는 것이다. 엑상프로방스의 피해자 두 여성은 '파괴', '정체성 상실', 심지어 '죽음'이란 단어를 사용했다. 비가렐로Vigarello가 쓴 글처럼 "내적 트라우마(정신적 충격)의 정도는 […] 범죄의 심각함을 판단하게 해 주는 중요한 평가 기준들 중 하나가 되었다."[7]

엑상프로방스의 소송 사건 이후 강간에 대한 정의와 내용이 변했다. 1980년 12월 23일의 법령은 상대방의 동의 없이 폭력적으로 또는 불시에 또는 억지로 성기를 타인의 몸으로 들어가게 하는 모든 종류의 행위는 강간으로 간주된다[8]고 규정했고, 형벌은 범죄 사실의 심각성에 따라 징역 5년에서 20년으로 정해졌다. 수많은 방해에도 강간에 대한 고발은 날로 늘어갔다.[9] 1992년 892건, 1996년 1,238건이 발생했고,[10] 가장 주목할 만한 사실은 징역 10~20년의 중형[重刑]이 1992년 283건, 1996년 514건으로 늘었다는 것이다. 강간 이외의 성범죄에 대한 정의와 내용도 변했

---

7 《강간의 역사 16~20세기》(Histoire du viol, XVIe-XXe siécle), 1998, p. 246.
8 이전의 형법 제332조.
9 1999년에 8,700명의 여성이 강간 피해 사례를 고발했고, 1,200명이 형사처벌을 받았다. 이 통계는 2003년 3월 8일 《일요신문》(Le Journal du dimanche)에 게재되었으며, 강간 여성 정보(Viols femmes informations)협회의 회장에 의해 집계된 자료이다.
10 《사법부의 통계 연보》(Annuaire statisitque de la justice), éd. 1998.

다. 1992년의 새로운 형법은 '풍기 문란죄' 대신 '성폭행'이라는 용어를 채택했다.[11] 즉, "폭력, 강요, 협박 또는 기습을 수반하는 모든 성적인 침해 행위는 성폭력으로 간주한다"는 것이다. 이제 '성적 침해 행위'라는 개념은 광범위해졌고, 정신적, 심리적 폭력까지도 완전히 근절해야 하는 '폭력 배척 시대'의 새로운 장을 열게 되었다.[12]

1992년에는 미국 방식을 따라 이전의 '권력 남용'에 관한 법을 수정 · 보완하여 '성희롱'에 관련된 새로운 법이 제정되었는데, 의회와 당시 여성권리처 장관이었던 베로니크 니에르츠 Véronique Neiertz가 최종적으로 채택한 법안은 상하 계급관계에 한해서만 처벌하기로 한 것이었다.* 이런 제한적 법안 통과에 대해 놀라워하는 미국인들에게 여성권리처 장관은 다음과 같이 대답했다고 한다. "직장 동료가 귀찮게 할 때에는 따귀를 한 대 올리는 것이 법으로 처벌하는 것보다 낫다고[13] 여성들에게 충고해 줍시다." 이러한 상식적인 대답은 곧 사람들 머리에서 잊혀 갔다. 10년 후, 2002년 1월 17일 제정된 법은 권력이란 개념을 배제한 새로운 '정신적 괴롭힘'을 다루고 있다. 직장 생활에 있어 자신보다 직위가 조금 더 높은 상사의 성희롱이나 정신적 괴롭힘은 널리 알려져

---

* 직장에서 상사가 부하 직원에게 가하는 성 침해 행위에 대해서 프랑스에서는 미국에 비해 훨씬 약한 제재를 가했다.

11 프랑스 형법 제2권 제3부(Section Ⅲ, livre Ⅱ du Code pénal souligné par nous).

12 G. 비가렐로, 상기인용, p. 254.

13 《뉴욕타임스》, 1992년 5월 3일자.

있고, 그런 행위를 처벌하는 것은 당연하다. 그러나 그 나머지 부분에 있어서는 여성들이(그리고 남성들이) 스스로를 방어할 수 있도록 용기를 북돋아 주는 것이 그들을 방어력이 전혀 없는 사람들로 치부해 버리는 것보다는 낫지 않았을까?

취업과 사회 문제 전담부서 위원인 안나 디아만토풀루Anna Diamantopoulou는 2002년 4월 17일 유럽의회가 성희롱에 관한 새로운 법안[14]을 채택했다고 공표했다. 유럽의회가 성희롱에 대해 내린 정의는 다음과 같다. "위협적, 적대적, 이미지 훼손적, 모욕적, 공격적 상황을 만들면서 타인의 인격에 피해를 주려 하는, 상대방이 원하지 않는 언어적, 비언어적 또는 물리적으로 성을 암시하는 모든 행위는 '성희롱'이라 정의한다."[15] 따라서 이제 직장 동료나 부하 직원도 성희롱자가 될 수 있을 뿐 아니라 더 나아가 법안의 용어 자체가 너무도 모호하고 주관적이라서 아무것이나 다 괴롭힘으로 볼 수 있게 되었다. 이런 정의는 프랑스 현행법과 마찬가지로 '반복적 행동'*이라는 개념에 대해 언급조차 하지 않고 있다. '상대방을 집요하게 바라보기'와 '객쩍은 이야기하기'에 대해서도 제재 조치를 가하게 된 것이다.

---

* 성범죄에 있어서는 '성 침해 행위가 여러 번 반복적으로 이루어졌는지'가 성범죄의 중대함을 결정하는 주요한 요소이다.

14 〈사회 현대화 관련법 제222조 33항 2절〉(Loi de modernisation sociale, article 222-33-2)

15 《르몽드》(Le Monde), 2002년 4월 19일자. 게다가 유럽의회 법은 증거고발의 역할이 바뀔 수 있다고 보고 있다.

그렇다면 객관적인 것과 주관적인 것, 실제적인 것과 상상적인 것의 구분은 어떻게 해야 하는가? '폭력'과 '성적 의도' 사이의 경계선은 어떻게 그어야 할 것인가? 디아만토풀루 위원은 벽에 붙은 포르노 사진 포스터를 '폭력'의 예로 들면서, 결국 이 '폭력'을 근절시키는 것이 다음 과제라고 말했다. 이와 같은 현상들을 보면 프랑스에서도 미국식 절차를 밟아 가고 있는 것이 분명하다. 미국 프린스턴 대학에서 "불편한 감정을 유발시키거나 학교, 직장 또는 사회관계에 지장을 초래하는 상대방이 원하지 않는 모든 성적 의도는 성희롱"이라고 한 것에 우리도 동조할 날이 머지않았다.

〈여성에게 가해진 폭력의 유형과 통계〉[16]라는 최근의 설문조사 결과에 의하면 '폭력'이란 개념이 언어폭력과 정신적 폭력으로까지 확장되었다는 것을 알 수 있다. 이런 식으로 확대하다 보면 어떤 해석도 갖다 붙일 수 있게 되었다. '개인의 온전한 정신에 대한 침해'와 같은 폐쇄적 질문을 통해 어떻게 폭력의 정도를 가늠할 수 있는가? 공공장소에서의 모욕은 어디에서부터 시작하며 어디에서 끝나는가? 한 여성이 느낀 감정이 꼭 다른 여성도 동일하게 느끼는 것은 아니고, 이런 문제는 여성 각자의 판단에 맡겨지는 것이다.

커플이 겪는 정신적 압박감도 마찬가지이다. 다음 아홉 가지의

---

16 여성의 권리를 위한 국가기관이 의뢰하여, 마리즈 자스파르(Maryse Jaspard)와 앙베프(Enveff) 설문조사기관이 2000년 3월부터 7월까지 6,970명의 여성을 상대로 전화로 조사함. 참조:《인구와 사회》(Population et sociétés), No. 364, 2001년 1월.

질문[17]은 이런 유형의 폭력을 가늠하는 잣대가 된다고 하는데, 그 중 몇 가지는 다시 생각해 볼 여지가 있다. 예를 들면 "지난 12개월 동안 당신의 배우자 또는 애인이 당신이 하는 일에 대하여 비판하거나 과소평가한 적이 있는가? 당신의 외모에 대해 불쾌한 지적을 한 적이 있는가? 당신의 옷, 머리 모양, 또는 몸가짐에 대해 특정한 스타일을 강요한 적이 있는가? 당신의 의견을 못 들은 체하거나 무시한 적이 있는가? 당신의 사고방식은 이래야 한다며 설명을 가장한 적이 있는가?" 등이다.

'정신적 압박'이 '언어적 모욕과 공갈 협박', '애정 어린 협박'과 나란히 부부간의 폭력을 가늠하는 일반 지수로 간주되고 '육체적 침해', '강간과 그 밖의 강요된 성적 행위'와 같은 제목으로 분류되는 것을 볼 때—특히 이런 질문들에 대해 긍정적 답이 많이 나오는 경우—통계 결과에 대한 불편함은 더욱 커진다.

이런 식으로 산출된 부부간의 폭력은 프랑스 여성의 10%에 해당하고, 그 중 37%는 정신적 침해, 2.5%는 육체적 침해, 0.9%는 강간 또는 그 밖의 강요된 성적 행위의 피해자로 나타난다.

황당한 질문들이다. 마치 같은 성질을 가진 요소처럼 '정신적 감정'에 '육체적 행위'를 추가하는 것은 과연 가능한가? 불쾌하거나 마음을 아프게 하는 몇 마디를 강간이라는 단어와 같이 취급하는 것이 과연 정당한 것인가? 이 두 경우 고통을 느끼게 한 것이 공

---

17 38쪽 설문지 참조.

통점이라고 말할 수도 있다. 그러나 객관적 고통과 주관적 고통 또는 권력의 남용, 폭력과 무례한 행동은 엄밀히 구별해야 하는 것이 아닐까? 폭력이라는 단어는 우리 머릿속에서 육체적 폭력과 너무도 밀접하게 연결되어 있어서 프랑스 여성 인구의 10%가 남편에 의해 육체적 폭력을 당하고 있다고 단순하게 생각해 버릴 위험이 있다.[18](그것이 정신적 폭력과 관계있는지는 생각하지 않고 말이다.)

설문지 발췌: '부부간의 정신적 침해'

◆ 최근 12개월 동안 당신의 배우자는

[응답] 전혀 / 거의 아님 / 가끔 / 종종 / 습관적으로

1. 당신이 친구나 가족을 만나거나 그들과 대화하는 것을 방해한 적이 있는가?

2. 당신이 다른 남자들과 대화하는 것을 방해한 적이 있는가?

3. 당신이 하고 있는 일을 비판하거나 과소평가한 적이 있는가?

4. 당신의 외모에 대해 불쾌한 발언을 한 적이 있는가?

5. 당신의 옷, 머리 모양, 또는 여러 사람 앞에서 당신이 가져야 할 몸가짐에 대하여 특정한 스타일을 강요한 적이 있는가?

6. 당신의 의견을 무시하거나 못 들은 체하며 당신의 사고방식은 이래야 한다며 설명을 가장한 적이 있는가?

　　　　　a/ 단둘이 있을 때　　b/ 여러 사람 앞에서

7. 당신이 누구와 어디에 있었는지를 알아야 한다고 요구하지 않았는가?

8. 당신에게 더 이상 말하지 않거나, 모든 대화를 거부하지 않았는가?

9. 일상생활에 필요한 물건을 사기 위해 필요한 돈을 갖지 못하게 한 적은 없는가?

〈여성에게 가해진 폭력들의 유형과 통계: 프랑스 최초의 국가 차원의 설문조사〉,
마리즈 자스파르와 앙베프팀, 《인구와 사회》, No.364, 2001년 1월, p.4.

이처럼 전화 한 통으로 얻어낸 단순한 증언을 근거로 이질적인 성향의 폭력들을 합산해 내는 것은 너무나 주관적이다. 배우자와의 대질과 깊이 있는 대화 없이 어떻게 답변을 얻었다고 할 수 있겠는가?

아말감의 논리는 여기서 그치지 않는다. 아마도 '강간viol'과 '폭력violence'의 어근 'viol—'이 같아서 그렇게 되었는지는 모르겠으나, 모든 종류의 성적 폭력—우리는 앞에서 이미 폭력의 개념이 정신적인 것까지 포함하고 있음을 알았다—은 '온전한 전체에 대한 침해', 일종의 강간과 동일시된다. 포르노를 강간과 동일시하고 노예 제도, 린치, 고문, 유대인 대학살과 비교하는 드워킨과 매키넌의 극단적인 이론까지는 가지 않더라도, 우리는 '성희롱'을 '강간'과 동일시하는 경우를 자주 보게 된다.

정신과 의사이며 성희롱에 관한 여러 연구서를 출간한 새뮤얼 르파스티에Samuel Lepastier는 《렉스프레스L'Express》[19]지에서 "육체적 힘을 대신하는 정신적 압박으로서의 성희롱은 강간과 동일시해야 한다. 이것은 근친상간적 폭력이다. 권한을 행사할 수 있는 직장 상사는 부모의 이미지를 구현하기 때문이다."라고 주장한다. 그렇다면 직장 동료와 부하 직원으로 확산된 성추행의 새로운 정의도 마찬가지일까?

---

18 이런 식으로, 2003년 1월 21일 '부부 폭력 근절의 날'에, 한 라디오 방송국 기자는 저녁 8시 뉴스에서 "프랑스 여성의 10%가 배우자로부터 육체적으로 폭력을 당하고 있다"고 밝혔다. 2003년 3월 26일에는 《리베라시옹》(Libération)지가 "프랑스 여성 7명 중 1명이 남편으로부터 구타당하고 있다"는 내용의 TV 프로그램을 기사화했다.

19 《렉스프레스》 1999년 5월 13일자, 마리 위레(Marie Huret).

	혼인/동거	별거/이혼	합계
조사 당시 혼인/동거 또는 별거/이혼 상태 및 최근 12개월 동안 부부간의 폭력을 겪은 적이 있다고 밝힌 여성들의 폭력 형태(%)			
숫자	5793	115	5908
폭력형태			
언어폭력 및 모욕 **(반복적인 경우)**	4.0 **(1.6)**	14.8 **(8.1)**	4.3 **(1.8)**
애정을 미끼로 한 협박	1.7	8.2	1.8
정신적 압박 (반복적인 경우) (정신적 괴롭힘[1])	36.5 (23.5) (7.3)	59.4 (52.4) (27.3)	37.0 (24.2) (7.7)
육체적 상해	2.3	10.2	2.5
반복적인 경우	1.3	6.9	1.4
강간과 강요된 기타 성적 행위	0.8	1.8	0.9
부부폭력 전체 지수[2]	9.5	30.7	10.0

(1) 정신적 압박을 지속적으로 세 번 이상 받은 경우 중 한 종류는 빈번하게 일어남.
(2) 정신적 괴롭힘, 반복적 모욕, 애정을 미끼로 한 협박, 성적, 육체적 폭력.
조사 대상: 본 설문조사 이전에 12개월 동안 혼인/동거 경험이 있는 만 20세부터
　　　　　59세까지의 여성.

《인구와 사회》상기 인용, p.3.

"성희롱은 성적 환희를 느끼고자 할 때의 필요보다는 여성을 실추시키고 모욕하고자 할 때의 필요로 나타난다."라고 정신과 의사는 말한다. 하지만 "성희롱자에게 어떻게 대처해야 하는가?"라는 질문에 그는 "저항을 많이 할수록 좋습니다. '이것은 법으로 금지되어 있어요. 나는 싫어요.' 라며 성희롱자에게 법을 일깨워 주어

야 합니다. 성희롱자는 못된 남자아이와 같습니다. 충분히 그에게 대항할 수가 있습니다."라고 대답한다. 그러나 바로 이 사실, 저항할 수 있는지 없는지가 성희롱과 강간을 구분하는 엄밀한 차이다. 어떤 여자가 외진 곳에서 자기를 강간하려고 작정한 건장한 남자에게 저항할 수 있겠는가?

에마뉘엘 피에라Emmanuel Pierrat 변호사는 고소인의 관점에서 성희롱과 강간의 유사성에 대한 이론을 발전시킨다. "성희롱과 관련하여 강간과의 유사점을 어느 정도 인정하지 않을 수 없다. 강간의 방어 논리가 '피해자는 성희롱자를 부추겼고 또한 함께 즐겼다'라고 보는 성희롱의 방어 논리와 같기 때문이다. 강간이건, 성희롱이건 또는 아동 성희롱이건 간에 성폭력, 성범죄 사건에서 다음과 같은 공통된 요소들을 항상 찾을 수 있다는 것 또한 실로 놀라울 정도다. 피해자에게 뒤집어씌우기, 성희롱자 자신은 처벌되지 않을 것이라는 생각, 그리고 그런 데서 반복되는 행위 등이다."[20]

이 밖에도 '매춘'을 '강간'과 동일시하는 사람들도 있다. 매춘 금지론자들은 마피아 포주의 손아귀에 노예처럼 잡혀 있는 매춘부들과, 자신의 의사에 의해 자유 직업인으로서 일하는 독립 매춘 여성들을 구별하지 않은 채 매춘과 강간을 동일시한다. 예를 들어 〈콜렉티프 페미니스트Collectif féministe〉(집단적 페미니스트)라는 협회는 다음과 같이 주장한다. "강간과 매춘에는 여성의 육체를

---

20 《르몽드》, 2002년 3월 7일자.

자기 것으로 하려는 남성의 의도가 똑같이 들어 있다. 매춘 제도는 그 자체로 성적·성차별적 폭력이며, 여성에게 가해지는 다른 폭력, 즉 부부간 폭력 또는 강간과 함께 고려해야 한다."[21] 이 이론을 강화시키기 위해 콜렉티프 페미니스트는 '강간 여성 안내 창구 Viols femmes information'라는 상설 SOS 전화로 얻은 증언을 토대로 매춘부의 80%가 "유년 시절 성적 침해를 당한 경험이 있는 것으로 보아 매춘으로 들어가는 문이 강간이다"[22]라는 결론을 내렸다.

매춘 금지론자들에 의해 끊임없이 인용되는 이 80%라는 숫자는 정확한 근거에 의한 것이라고 볼 수는 없다. 이 수치가 '콜렉티프 페미니스트' 협회나 다른 사회 복지 기관에 전화를 걸어 온 여성들만을 전제로 한 것이기 때문이다. 모든 매춘부의 경우가 아닌 일부 매춘부의 경우라는 뜻이다. 사실상 '성적 서비스를 제공하는 것은 여성 모독의 극치이므로 강간과 동일시된다'는 이데올로기에 사로잡힌 집단에 의해 통계 수치가 부풀려진 것이다. 강간당한 여성들은 자신에게 가해진 침해를 합법적으로 고발하는 데 비해, 다수의 매춘부들은 매춘과 강간을 혼합시키는 것을 거부한다.

하지만 매춘부들을 '절대적 희생자'로 규정하면, 매춘 금지론자들은 갑자기 침묵한다. 일반 여성의 단 한마디가 금과 같은 가치를 갖는 데 반해, 매춘부의 말은 아무런 가치도 없다. 매춘부의 말

---

21 콜렉티프 페미니스트 협회 발행, 정기 간행물, 2002, p. 15.
22 상동, p. 29.

은 단번에 거짓이나 조작된 것으로 간주된다. 매춘부를 '절대적 희생자'로 규정하는 것은 매춘 금지론자들의 반론을 제거하는 거침없는 방식이자 그들을 고려하는 경멸적 방식이다. 매춘부들이 아무리 큰소리를 내며 자신을 방어해도 매춘 금지론자(새로운 페미니즘 옹호자)들은 그들과 전쟁을 하고 있는 중이다. 왜냐하면 매춘 금지론자들이 매춘부들에게 부여하고자 하는 '희생자의 이미지'를 그들이 거부하고 있는 한, 매춘부들은 현재 강한 지지를 얻고 있는 새로운 페미니즘 이론이 전면적으로 확대되는 데 있어서 걸림돌이 되기 때문이다.

이데올로기에 악용되는 통계

성폭행의 개념이 폭넓게 적용됨에 따라, 당연히 성에 관련된 중범죄와 경범죄의 수치가 증가하게 되었다. 우리는 강간당한 여성이나, 남편에게 육체적으로 학대받는 여성이 고소를 하는 것이 얼마나 어려운 일인지 잘 알고 있다. 따라서 역설적으로, '강간에 대한 고소'가 해마다 늘어난다는 것에 기뻐해야 한다. 고소가 증가한다는 것은 결국 이런 파렴치한 행위가 처벌되지 않고 그냥 넘어가는 일이 없다는 것을 보여주기 때문이다.

　게다가 우리는 그것이 강간 사건의 실제 수치를 반영하지는 않는다는 것도 잘 알고 있다. 실제로 강간을 당한 여성은(주변 사람들에 의한 것이건 아니건) 경찰과 사법 당국의 모든 절차를 거쳐야

하므로 대단한 용기가 필요하다. 수치와 고통을 당한 그 순간의 일들을 수없이 반복해 설명해야 하고, 몇 년을 기다려야 하며, 수많은 사람들 앞에서 재판을 받아야 한다.

이런 관점에서 보면 강간이라는 단어에 진정한 의미를 부여하고, 총력을 기울여 고독과 침묵으로부터 빠져 나오게끔 한 현재의 페미니즘에게 영광을 돌려야 한다. 강간당한 많은 여성들은 자신의 이야기를 들어 주고 자신을 지지해 주는 여러 단체 덕분에 소송을 제기할 수 있는 용기를 갖게 되었다.

'강간'은 세계 모든 나라에서 과소평가되고 있는 범죄인데, 가장 급진적인 페미니스트들은 '강간'에 대해 놀랄 만한 통계를 제시한다. 캐서린 매키넌이 제시한 통계 수치에 의하면, "44%의 미국 여성이 강간 또는 강간 미수의 경험이 있는데(…), 4.5%는 아버지에 의한 근친상간의 피해자였고 12%는 아버지 이외의 가족에 의한 강간 피해자였으며, 그 수치는 18세 여성의 43%에 이른다."라고 되어 있다.[23] 거의 믿을 수 없는 이 통계가 어떤 식으로 계산되었는지 이해할 수 없고, 또 어떤 근거로 그런 수치가 나왔는지도 알 수 없으며, 어떤 조작 의도가 있지는 않았는지 의심해 볼 수 있

---

23 M. 피낭(M. Finan)에 의해 인용됨, C. 매키넌, 《페미니스트 검열관의 부상》(The Rise of a Feminist Censor), 1983~1993. 매키넌의 〈성, 포르노, 그리고 방법〉(Sexuality, pornography and method), 《에틱스 99》(Ethics 99), 1989년 1월, p. 331 참조. 1992년 사법부에서는 완전히 다른 통계를 발표했다. 미국인의 8%가 일생 중 강간 또는 강간 미수의 경험이 있다.

다. '미국 여성 두 명 중 한 명이 지독한 남성 폭력의 피해자이고 이런 폭력이 예외적인 것이 아니라 일반적인 현상이며 정상적인 것이다'라고 주장하려는 의도가 뚜렷하기 때문이다. 이런 수치는 강간 문화를 인정하게 하고 강간을 "정상적인 남성 행위"로 보도록 정당화시킨다.

성폭력의 수치를 과장했다고 생각되는 또 다른 예는, 1985년 《미즈Ms》라는 유력 잡지의 설문조사이다. 이 설문조사는 전통적 페미니스트로 유명한 심리학 교수 메리 코스Mary Koss에게 의뢰되었다.[24] 대학가를 대상으로 행해진 조사 결과에 따르면 여학생 4명 중 한 명이 강간 또는 강간 미수의 피해자였다. 그러나 이들 피해자 중 4분의 1만이 자신이 겪은 일을 강간이라고 불렀다. 게다가 코스는 3천 명의 여학생에게 다음과 같은 질문을 했다. "당신은 당신이 원하지 않는데도 상대방 남자의 집요한 압박과 논리에 굴복하여 성적 유희(가벼운 스킨십, 키스, 애무, 하지만 성관계는 제외)에 몸을 맡긴 경험이 있습니까?"[25] 이 질문에 대해 응답자의

---

24 메리 코스는 "강간은 극단적인 행위이나, 남성적 행동의 연장으로서 자리 잡고 있다." 는 기사를 발표한 바 있다. 《상담과 임상심리학 저널》(Journal of consulting and Clinical Psychology), 50, No. 3, 1982, p. 455.

25 파문을 일으켰던 이 설문조사에 대하여 리처드 오튼(Richard Orton)을 참조할 것. 《대학가의 강간: 숫자에 대한 이해와 문제 정의》(Campus rape: understanding the numbers and defining the problem), 《남성폭력 근절 소식지》(Ending Men's Violence Newsletter), 여름-가을호, 1991; 케이티 로이프(Katie Roiphe), 《모닝애프터》(The Morning After), 1993; 크리스티나 호프-서머스(Christina Hoff-Sommers), 《누가 페미니즘을 훔쳤나?》(Who Stole Feminism?), 1994.

53.7%에 해당하는 여학생이 그렇다고 답변하였다. 결과적으로 53.7%의 여학생이 '성폭행 피해자'로 간주된 셈이다.

'4명 중 한 명'이라는 말은 이제, 여성 잡지들과 강간에 대항하는 여러 단체들, 그리고 정치인들의 '여성학women studies' 분야에 인용되는 공식 통계수치가 되었다. 미국 페미니즘계의 두 스타 수전 팔루디Susan Faludi와 나오미 울프Naomi Wolf는 이 숫자를 마치 깃발인 양 사용했다.

이 통계의 유효성에 대해 처음으로 의문을 품은 사람은 버클리 대학 사회복지학부의 교수인 닐 길버트Neil Gilbert와 프린스턴 대학의 젊은 여성 박사 케이티 로이프Katie Roiphe였다. 닐 길버트는 코스의 질문 자체가 너무 모호하고 응답을 왜곡되게 해석했다고 보았다.[26] 그는 강간당한 것으로 집계된 젊은 여성들의 73%가 강간당했다고 여기기를 스스로 거부했고, 그녀들 중 42%는 강간범으로 추정된 남자들과 다시 성적 관계를 맺었다는 사실을 상기시켰다. 닐 길버트는 당시 14,000명의 학생을 수용했던 버클리 대학에서 캠퍼스 강간에 반대하는 수많은 캠페인이 진행되고 강간

---

26 〈강간의 현실과 신화〉(Realities and mythologies of rape), 《사회》(Society), No. 29, 1992년 5~6월. 참조: 〈사실 조사: 데이트 중 그리고 면식범에 의한 강간 사건의 의도적 과장〉(Examining the fact: advocacy research overstates the incidence of date and acquaintance rape), 《가정 폭력에 대한 현재의 논란》(Current Controversies in Family Violence), Richard Gelles et Donileen Loseke éd, 1993, pp. 120~132.

당한 여학생들을 돕는 센터가 생겼음에도, 1990년 경찰서에는 겨우 두 건의 강간신고가 접수되었다는 것을 강조했다. 로이프 역시 프린스턴 대학과 관련하여 동일한 지적을 했다. 여학생들이 오직 강간에 대해 이야기하던 때, 로이프는 "우리 친구들 중 25%가 실제로 강간을 당했다면, 어떻게 내가 그 사실을 모를 수가 있는가?"[27]라고 말하며, '여성을 희생자로 내세우는 새로운 페미니즘과 그들이 성관계를 보는 시각'에 대한 생각을 책으로 출간했다.

로이프의 책《모닝애프터: 대학가의 섹스, 공포, 그리고 페미니즘》은 일반 대중들에게는 상당한 호평을 받은 반면 1990년대 새로운 페미니즘 지지자들에게는 증오의 대상이 되었다. 결국 로이프는 가부장 제도 사회에 매수된 배반자로 낙인찍혔다. 닐 길버트 역시 고소 및 배척의 대상이 되었다. 버클리 대학 학생들은 학내 시위 중 "그를 쫓아 버리거나 잘라 버려야 한다."는 노래를 불렀고, 그 중 몇몇 학생은 "닐 길버트를 죽이자"라는 플래카드를 걸고 시위를 벌였다.[28]

이 여파로 강간에 대한 새로운 설문조사 결과가 발표되었다. 국립여성연구원 발표(1992년)에 따르면 미국 여성 8명 중 한 명인 12%가 강간을 당했으나, 루이스 해리스Louis Harris는 3.5%의 여성이 강간을 당했다는 통계 수치를 내놓았다.

---

27 《뉴욕타임스 매거진》(New York Times Magazine), 1993년 6월 13일자.
28 크리스티나 호프-서머스의 보고서, 상기 인용, p. 222.

더 낮은 수치를 발표한 다른 조사들은 언론의 주목을 받지 못했다. 이제 이해할 수 있을 것이다. 수치의 목적이 과학적이었다기보다는 정치적이었다는 것을 말이다. 강간 수치가 높을수록 미국의 문화가 성차별적이고 여성 혐오적이라는 의식을 더 잘 퍼뜨릴 수 있고, 미국 남성이 특히 폭력적이라는 생각을 더 많이 확대시킬 수 있었던 것이다.

프랑스에서는 '여성에게 가해진 폭력'에 대한 앙베프 설문조사가 더욱 설득력 있는 결과를 발표했다. 모든 사회 영역을 통틀어(공공장소, 직장 또는 가정에서) 1년에 적어도 1회 이상의 성적 접촉·강간·강간 미수와 같은 성폭력 경험이 있다고 밝힌 여성들은 2000년도 조사 대상 여성의 1.2%였으며, 그들 중 0.3%가 강간을 당한 것으로 조사되었다. 프랑스 본토에 살고 있는 20세부터 59세까지의 여성 1,590만 명(1999년 집계)에게 이 비율을 적용시킨다면, 한 해 약 4만 8000명(같은 연령층)의 여성이 강간을 당한다고[29] 이 설문 조사 기관은 밝혔다. 여기에 미성년자 강간 사례는 포함되지 않은 것이다. 그리고 이런 통계가 맞는다면, 강간 피해자의 5%만이 고소를 했다는 결과가 된다.

이 통계 결과는 꽤 심각한 정도이므로 아주 조심스럽게 사용되어야 한다. 따라서 강간에 대한 저항운동을 벌이는 단체 '콜렉티

---

29 《인구와 사회》, No. 364, 2001년 1월, p. 4. 4만 8,000건의 강간이라는 숫자는 최소 3만 2,000건과 최대 6만 4,000건 사이의 평균치에 해당한다.(신뢰도: 95%)

프 페미니스트'가 2002년 보고서에서 이 통계를 마구 사용한 점은 놀라운 일이다.[30]

앙베프 조사를 참고한 이 보고서엔 다음과 같이 언급되어 있다.

- 11.4%의 여성이 지금까지 적어도 1회 이상의 성폭력 경험이 있다.(육체적 접촉, 강간 미수, 강간)
  이 11.4%의 여성 중,
  - 34%는 15세 이전에 경험
  - 16%는 15세부터 17세 사이에 경험
  - 50%는 18세 이후 성인이 되어 경험
- 8%의 여성이 적어도 1회 이상 강간 또는 강간 미수의 경험이 있다. (그 중 3분의 1은 미성년자에게 행해짐)

그렇다면 20세부터 59세 여성을 대상으로 한 앙베프의 조사 결과에서는 볼 수 없었던 이 통계들은 어디에서 나온 것일까? 미성년자에게 가해진 성폭력의 자료 출처는 어디인가? 상설 SOS 전화로 받은 단편적인 증언들을 확대 적용한 결과인가? 만일 그

---

30 2002년 정기 간행물, p.12. A. 슈피라(A. Spira)와 N. 바조스(N. Bajos)가 작성한 〈프랑스인의 성행위에 관한 보고서〉(Les comportements sexuels des Français)(프랑스 자료국, 1993년)에는 4.7%의 프랑스 여성이 강제 성행위의 피해자로 되어 있는데, 이것은 20명 중 한 명 이상이 된다.(pp. 217~219)

렇다면, 그것을 7,000명의 프랑스 여성을 상대로 한 국가 조사 결과에 포함시키지 말고 별도로 언급했어야 하지 않을까? 강간을 당했거나 또는 강간 미수를 경험한 여성이 8%라는 수치는 조사 자료들로부터 어떻게 산출된 것인지 분명하지 않다.

일단 8% 선에서 동의하려 하니, 더 나쁜 소식들이 끊임없이 들려온다. 〈강간〉이라는 제목의 TV 다큐멘터리[31](〈강간〉의 연출자이며 기자인 마리-앙주 르 불레르Marie-Ange Le Boulaire의 실화를 바탕으로 함)에 관한 두 개의 신문 기사는 또 다른 수치를 내놓고 있다. '프랑스 여성 8명 중 한 명이 강간을 당했다'는 것은 비율로 따져 보면 8%가 아닌 12%에 해당한다는 것이다. 12%란 숫자는 이 책의 네 번째 표지면에 나와 있는 숫자이다. 그러나 책 속에서는 마리-앙주 르 불레르가 다음과 같이 말한다. "여성 8명 중 한 명이 일생 동안 성폭력을 당한 경험이 있거나, 앞으로 당할 것이다."[32]

그런데 앙베프 조사 결과에서 명백히 알 수 있듯이, 성적 폭력이 모두 '강간'은 아니다. 으슥한 주차장에서 칼을 들고 위협하는 23세의 남자에 의한 '강간'과, '본의 아니게 당한 애무'는 같은 차원에서 볼 수 없다. 우리가 생각하는 것과는 반대로,[33] 강간 후의

---

31 《리베라시옹》, 2002년 11월 7일; 《텔레시네옵》(Télécinéobs), 2002년 11월 2~8
일; 프랑스 5TV를 통하여 방영된 〈강간〉(Le Viol)이라는 영화에 관한 개요. 2002년
11월 7일.

32 〈강간〉, Flammarion, 2002, p. 239.

33 페미니스트적 시각은 섹스에만 한정되었던 강간 사건에서 강간 자체를 가능하게 만
드는 권력 체계의 분석으로까지 범위를 넓혀 갔다.

트라우마(정신적 충격)와 본의 아니게 당한 애무 후의 트라우마는 엄격히 다르다. 그렇다면 왜 강간의 통계 수치를 부풀리는가? '폭력적인 남성과 피해를 입은 여성의 이미지'를 필요 이상으로 이용하기 위해서가 아닌가?

성희롱에 대한 통계 수치도 마찬가지로 부풀려져 있다. 이미 언급된 바 있는 성희롱에 관한 법 시행을 발표하면서, 안나 디아만토풀루 위원은 "40~50%의 유럽 여성이 원하지 않는 성희롱 피해 경험이 있고 일부 국가에서는 80%에 달하는 경우도 있다"는 사실을 상기시켰다.[34]

프랑스 상송 가수 샤를 트레네Charles Trénet와 누벨바그 영화감독 트뤼포Truffaut가 즐겨 다루었던 '도둑 키스'는 말할 것도 없고, 이제는 '상대방이 원하지 않는 성적 접근'도 포함시켜야 하는 것일까? 부적절한 행동은? 지나친 말은? 너무 집요한 시선은? 그러나 케이티 로이프가 이 새로운 법칙과 관련하여 지적한 것처럼, 성적 접근은 자연 또는 심지어 문화의 한 부분을 포함하기 때문에 어렵다는 것이다. "어떤 성적 관심을 원하고 그것을 받고 싶다면 표현해야 하며, 그러다 보면 자신이 원하지 않는 것도 상당 부분 받게 된다. 사실상, 그 누구도 요청받지 않았다는 이유로 성적 관심을 감히 표현할 수 없게 된다면, 우리는 모두 고독한 삶을 살게

---

34 《르몽드》, 2002년 4월 19일자. 디아만토풀루 위원이 발표한 수치는 미국의 직장 여성 중 85%가 한 번 이상은 성희롱을 당한 경험이 있다고 주장하는 매키넌이 발표한 수치와는 거리가 멀다는 것을 알 수 있다.

될 것이다."[35]

이런 식으로 통계 수치를 부풀려 가면서 여성운동을 진행하다 보니, 결과적으로 '여성은 피해자, 남성은 가해자'라는 생각이 일반화되었다. 드워킨이나 매키넌처럼 극단까지 가지 않더라도 결국 여성은 점차적으로 '아동'과 같은 사회 신분으로까지 떨어지게 된다. 연약하고 무력한 어린 아이의 신분 말이다. 프로이트가 '다형도착자'*라고 정의하기 이전의 순수한 아동, 즉 저항할 힘이 전혀 없는 아동, 성인에 의해 학대받는 아동. 영원한 미성년자인 여성은 자신을 보호하기 위해 집안의 남자들을 불러대는—옛날의 가부장적 시대의—상투적인 개념으로 되돌아온다. 그러나 옛날과는 달리 그녀들을 보호할 남자는 이제 없다. 가부장제도는 남성 지배주의에 의해 밀려났다. 모든 남성들은 의심받을 여지가 있고 그들의 폭력은 도처에 산재해 있다. 아동이 부모에게 보호를 요청하듯이, 아동과 같은 신분을 갖게 된 여성은 법에 호소해야 한다.

이러한 새로운 페미니즘의 접근 방식에 있어서 가장 불편한 점은 여성에게 가해진 폭력의 고발이 아니라, 이 폭력을 유발한 원인이다. 이젠 더 이상 변태들, 성도착자들, 사악한 남자들을 처벌하는 것으로 그치지 않는다. '악'은 더욱더 깊어졌다. 왜냐하면 그

---

* 프로이트가 유아 성욕에서 쓴 용어로, 신체의 다양한 부분에서 성욕을 느낄 수 있는 성적 취향을 가진 상태. 성욕을 생식과 같은 사회적으로 유용한 목적을 위한 수단으로서가 아니라 성욕 그 자체를 옹호하는 자를 일컬음.

35 《모닝애프터》, 상기 인용, p. 87.

것은 일반화되었고 인류의 절반과 관련되어 있기 때문이다. 남성 다움 그 자체가 이제 탄핵의 대항이 되었다. 매키넌과 드워킨은 다음과 같이 주장할 수 있을 것이다. "'남성 지배male dominance'는 우리 문화가 만들어 낸 산물이다. 따라서 '언제, 어디에서나' 이루어지는 집단적 남성 고발은, 남성 지배 사회를 오히려 자연스럽고, 선천적이며, 보편적인 것으로 보이게 한다. 이런 현상은 실로 끔찍한 일이다. 그러므로 이젠 남자, 다시 말해 그들의 '성 본능'을 변화시켜야 한다. 왜냐하면 바로 이 '남성 본능'에 의해서 '여성에 대한 압박'이 사회 조직 속에 뿌리 내리기 때문이다."

미국과는 달리, 프랑스에서는 드러내 놓고 남성적 성 본능을 고발하는 것을 자제하는 편이었다.[36] 그러나 차츰 대학가에서는 남성/여성의 관계를 표시할 때 '성의 사회적 관계'로 표현하는 경향이 있으며, 궁극적으로 '남성의 사회적 지배' 정도에 따라 여성이 불행해진다는 생각에 동의하고 있다.[37] 2002년 3월 8일 세계 여성의 날, 프랑신 바베Francine Bavay와 주느비에브 프레스Geneviève Fraisse는 때마침 《르몽드》 신문에 〈여성의 불안정〉이란 제목의 기

---

36 대학가 사람들을 대상으로 쓰인 책들 중에는 예외적인 경우가 있다. 즉 남성들을 공공연히 비판한 책들이다. 예를 들어 다니엘 웰저-랑(Daniel Welzer-Lang)의 책임하에 공동저술한 《남자와 남성에 대한 새로운 접근》(Nouvelles Approches deshommes et du masculin), Presses universitaires du Mirail, 1998.

37 일반적으로 사람들이 생각하는 것과는 달리 페미니스트들은, 니콜-클로드 마티외(Nicole-Claude Mathieu)와 마리-빅투아르 루이(Marie-Victoire Louis)의 두 논문(Temps modernes, No. 604, 1999년 5~8월호에 실림)에서 비난한 것처럼 피에르 브르디외가 남성 지배의 실체를 분명히 드러내리라고는 기대하지 않았다.

사를 기고했다. "폭력에는 성[性]이 있다. 왜냐하면 도둑질은 강간과 마찬가지로 우선 남자들에게 해당되기 때문이다. (…)" '폭력에는 성이 있다'라는 표현은 '지구상의 어느 나라에서나 남성 지배 구조가 보편화되어 있다'라는 표현이며 '강간에서부터 돌로 쳐 죽이기까지, 성희롱에서 매춘까지, 모욕에서 멸시까지의 난폭한 사실들'은 모두 지배 권력을 나타내기 위해 반복적으로 등장하는 신호들이다.

아무리 부인한다 하더라도, 결과적으로 볼 때 우리는 남성적 힘의 남용을 처벌하는 대신 남성이라는 성을 무작정 고발만 해 왔다고 할 수 있다. 한쪽에는 무능력하고 억압받는 '여성'이 있고 다른 한쪽에는 폭력적이고, 지배적이며, 착취자인 '남성'이 있다. 이렇게 둘은 서로 대립 관계에 놓여 있게 된다. 어떻게 이 함정에서 빠져 나올 수 있을까?

철학적 불안

보부아르 이후의 페미니즘은 통일성이 없고 모순적이기까지 하다. 단 한 가지 일치하는 점이 있다면 '예전 사람들에 대한 비판'이다. 예전 사람들은 남성/여성의 차이점을 잘 알지 못했고, 여성적 정체성의 존재를 거부하고, '추상적 보편성'을 내세웠을 것이다. 그런데 이 '추상적 보편성'이란 사실 따지고 보면 '남성적 보편성'을 포장한 것에 불과하다.[38] 그러면서 자신도 모르는 사이에 환상을 만들어 내는 데 일조했을 것이며, 이런 환상은 여성이 더욱더 자신을 소멸시키게 만들고 주인들에게 허리를 굽히고 복종하도록 만들었을 것이다. 한편 시몬 드 보부아르Simone de Beauvoir와 그녀의 제자들은 지나치게 남성다웠다는 것이 문제였다. 그들은 '남성과 다른 여성의 차이점을 지워 버리려는 욕망'에 이끌려 오히려 '남성 중심주의의 함정에 빠져 버렸다.'[39] 조금만 더 나아갔다면 그녀들은 여성의 배반자로, 또 여성 혐오자로 비난 받았을지도 모를 일이다.

보부아르의 저서 《제2의 성》이 여성성을 고려하지 않은 것은

---

38 우리는 시몬 드 보부아르가 사망한 다음날 앙투아네트 푸크가 증오 섞인 비문을 1986년 4월 15일자 《리베라시옹》지에 실었던 것을 기억한다. "그녀의 페미니스트적 위치는 보편주의, 평등주의, 동일화, 표준화를 지향한다. (…) 그녀의 죽음은 하나의 사건 이상으로 어쩌면 21세기라는 역사적 무대에 여성의 등장을 가속화시킬 극적 사건이다."

39 실비안 아가신스키(Sylviane Agacinski), 《성에 대한 정책》(Politiques des sexes), 1998, pp. 60, 85.

사실이다. 시몬 드 보부아르가 집요하게도 '모성 본능에 의한 여성'의 정의를 거부한 것도 사실이다. 우리는 시몬 드 보부아르가 생리학적인 것을 제 위치—두 번째 서열—로 돌려놓음으로써, 그동안 성의 자연적 특성이 절대적으로 적용되었던 정형화된 성적 틀을 파괴한 것이다. 보부아르는 자연적 필연성을 거부하고 '자유사상'을 지지한 덕분에 사고방식의 변화에 기여했고, 피임과 낙태의 권리 획득에 있어서도 무관하지 않다. 이러한 변화를 여성 개개인이 자축하고 있으면서도, 어떤 여성들은 '이 혁명적 권리가 결정적으로 자연에 대한 문화의 우월성을 인정한 것'이라는 사실을 모르는 것 같이 행동한다.

바로 여기에 오늘날 새로운 페미니즘의 문제가 있다. 어떻게 진부한 사상에 빠지지 않으면서 여성의 본질을 새롭게 정의할 것인가? 자유에 손상을 입히지 않고 어떻게 본질에 대해 말할 수 있을까? 남성/여성을 철저히 분리시켜 온 감옥을 다시 짓지 않으면서 어떻게 성의 이원론을 지지할 것인가? 이 어려운 문제에 대한 대답은 다양하고도 상반된다. 대부분의 사람들이 남녀 간의 본질적인 차이를 강조하는 본질주의로 돌아가기를 명백히 거부하고 있다 하더라도, 오늘날 요구되는 새로운 남녀 이원론은 만족스러운 결과를 위해 계속 지적 곡예를 강요당하는 처지에 놓이게 되었다. 문화보다 자연을 많이 고려하는 혼합 방식, 또는 그 반대의 혼합 방식은 모두 남성/여성의 관계에 대한 모델을 선보이지만, 그 결과들에 대해서는 깊이 생각하지 않는다. 이에 대해 제대로 된 철학적 설명을 할 수 없다 해도 별로 문제 삼지 않는다. 정치적 목적을 위해 양성평등을 무시해야만 했던 때에도 마찬가지였다.* 헌법에서 남/녀를 상반되는 성으로 이해하는 이원주의가 정식으로 인정되어야 했을 때 많은 양성평등주의자들은 눈을 감고 모른 체했다. 일종의 진전은 보았지만, 그들의 평등 원칙을 망각하게 한 것이다.

자연주의와 대립적 이원주의

'차이점 안에서 평등'L'égalité dans la difference**이란 말은 일반적인 슬로건이 되었다. 게다가 '그것은 우리가 원하는 것이므로 가능하다'라고까지 말해졌다. 프랑수아즈 에리티에Francoise Héritier는 남성/여성의 차이점은 언제 어디에서나 남성들에게 유리한 등급을 만드는 일에 이용되어 왔고, 이런 이데올로기적 해석은 그것이 진보된 사회에서조차 살아남은[40] 케케묵은 불변의 것이라고 주장한다. 그러나 그녀는 이 보편적 현상이 후천적으로 형성된 문화이기 때문에 수정 가능하다고 결론짓는다. 프랑수아즈가 '남성/여성의 변별적 원자가'(그녀는 이를 '여성의 생식을 지배하려는 남성의 의

---

* 예를 들어 의회에서 여성 의석수를 따로 할당받기 위해서는 남녀가 서로 다른 상반된 성이라는 것, 즉 남녀 차별을 내세워야만 했다. 양성평등주의자들은 본래 목적인 성 평등과는 반대되는 성 차등(차별)을 헌법상에 명시함으로써 여성들이 득을 보게 된다고 생각했기 때문이다.
** 남녀 각각의 차이점을 인정하면서 양성평등을 이루는 것.
40 르푸엥(Le Point), 2002년 11월 1일자.

지'로 설명한다)에 대해 책을[41] 쓴 몇 년 후, 이 영원한 남성 지배에 종지부를 찍을 수 있는 방편을 마침내 찾았다고 생각하며 다음과 같이 말했다. "만일 여성이 남성과 같은 법적으로 독립된 사회 신분을 갖지 못하고, 생식을 담당하는 어쩔 수 없는 사회적 신분에 갇혀 보호되어야 한다면, 차라리 이 분야에서 여성들에게 자유를 주는 것이, 그녀들이 존엄성과 자율권을 획득하게 할 수 있는 길이다. 피임의 권리와 그에 선행하는 권리들—배우자 선택에서의 동의와 권리, 단순한 포기가 아닌 합법적 이혼의 권리, 사춘기 이전의 딸을 결혼시키는 것에 대한 금지 등—과 자신의 육체를 자유롭게 할 수 있는 권리는 필연적 방편이다. 왜냐하면 이 권리가 남성 지배를 가능케 하는 핵심 요소로 작용해 왔기 때문이다."[42]

여성 해방의 수단으로서 피임에 대한 권리가 이렇게 늦게 찾아왔다는 점에 대해 어떻게 놀라지 않을 수 있겠는가? 1996년 프랑수아즈 에리티에는 그녀의 책 결론 부분에서 다음과 같이 언급하고 있다. "여성운동의 진보를 대표하는 것이 '생식의 조절'인데, 이러한 진보는 의식과 표현 방식이 진보되지 못해서 상대적 가치밖에는 인정받지 못하고 있다."[43]

---

41 《남성/여성 제1권, 차이에 대한 사고》(Masculin/Féminin I, La pensée de la différence), Odile Jacob, 1996.
42 《남성/여성 제2권, 계급 붕괴》(Masculin/Féminin II, Dissoudre la hiérarchie), Odile Jacob, 2002, p. 26.
43 《남성/여성 제2권》, pp. 299, 300.

그러나 사실 피임의 권리는 1967년에, 낙태의 권리는 1975년에 인정되었고, 서양의 다른 민주국가는 프랑스보다 훨씬 먼저 그것을 인정했다는 사실까지 상기할 필요가 있을까? 그런데 35년 전부터 서양 여성들이 이미 생식을 조절했다면 어떻게 지금까지도 남성 지배가 여전히 보편적으로 행해지고 있다고 말할 수 있는가? 실제로 피임에 의해 타격은 받았지만 여전히 지속되는 남성 지배의 역사적 현상과 케케묵은 우리들의 사고방식 사이에서 어떤 혼선이 빚어진 것은 아닐까?

성적 차이를 위계화와 불평등화에 연계하는 일반적 경향을 지적한 프랑수아즈 에리티에의 말은 옳다고 생각하지만, 그 경향을 여성의 생식력에 대한 남성의 점유와 관련시키는 것은 틀린 생각일 것이다.[44] 피임 덕택에 남성이 여성 생식력을 더 이상 독점하지 못하는 상황이지만, 우리는 아직도 생리학적 차이점에서 남성/여성 불평등의 원인을 찾고 있다. 이는 어쩌면 남성 지배를 제거하는 것보다 이러한 정신적 착각을 제거하는 것이 더 어렵다는 것을 의미하는지도 모른다. '남녀의 차이 안에서 평등'은 소망이자 유토피아이며, 남성뿐 아니라 전 인류에 괄목할 만한 진보를 가져올 수 있을 것이다. 우리가 이미 주지하고 있는 바와 같이 여성은 남성만큼이나 시대에 뒤떨어진 이런 범주에 사로잡혀 있

44 《남성/여성 제2권》, p. 248.

다.[45] 비록 피임이 여성들에게 남성의 절대 통치권에 대항할 수 있는 합법적 방어로 작용한다고 해도 말이다.

1980년대 후반부터는 곳곳에서 '차이를 가질 권리'를 주장하는 함성이 높아진다. 모든 소수 집단, 모든 공동체, 개개인이 요구한 이 새로운 권리는 많은 페미니스트가 늘 사용하는 주제가 되었다. 그녀들의 이야기대로라면, 여성다움의 권리는 위협받고 있다. 1980년대 이전 양성평등을 부르짖던 여성운동의 결과로 생겨난 남성화된 여성들은 자신도 모르는 사이에 자신들의 정체성, 자유, 가치를 포기한 것이다. 결국 1980년대 후반의 페미니즘은 사라져 가는 여성성을 강조하기 위해 '성 차이와 모성적 특성을 제거한 민주주의'[46]에 대항하였고, 급기야는 '여성 살해gynocide'를 이야기하기에 이르렀다. '성sex'과 '젠더gender'* 사이의 끔찍한 혼란이 나타날 위험성은 없었지만, 사람들은 남성적으로 정의된 유일한 젠더와 불안정한 젠더의 이원성을 두려워했다. 하나로 통합된 젠더와 다양한 젠더를 조심할 것Haro surl' UN et le MULTILPLE.*

---

* 성(sex)이 태어나면서부터 부여받는 생물학적인 것이라면, 젠더(gender)는 사회를 통해 형성된 것이다.

45 프랑수아즈 에리티에는 여성이 생식을 조절하게 됨으로써 사회적 법칙과 사고에서의 법칙을 변화시킨다고 했으나 이후 다음과 같이 자신의 주장을 완화시킨다. "우리의 사고를 지배하는 모든 개념 체계를 전복시키지 않는다면 적어도 부정적인 것은 항상 여성과, 긍정적인 것은 항상 남성과 연결 짓는 것을 벗어날 수 있는 새로운 구분 방법 또는 더 균등한 구분 방법을 탄생시켜야 할 것이다.", 《남성/여성 제2권》, pp. 248, 251.

46 앙투아네트 푸크, 《성에는 두 가지가 있다》(Il y a deux sexs), 1995, p. 81.

앙투아네트 푸크는 "성에는 두 가지가 있다"고 주장하면서 여성들이 자신의 성을 되찾게 해야 한다고 생각했고, 실비안 아가신스키는 "각 개인을 획일화하기 위해 차이점을 줄이거나 또는 소위 말하는 '젠더의 소멸'을 생각하는 것은 전체주의적 환상이며, 차이에 의한 갈등으로부터 해방된 서로 닮은 사람들이 이루는 사회를 꿈꾸는 것만큼 터무니없는 일"[47]이라고 말했다.

남성적 특성은 언제나 분명히 부각되어 왔다는 점에서 이제는 남성으로부터 여성을 구별 짓는 차이점이 무엇인지를 재정의해야 한다. 남성은 진보하는 척 하지만 변하지는 않는다. 여성들이 한 걸음 앞으로 나아갈 때마다, 남성은 새로운 지배 방법을 만들어 낸다.[48] 원시 시대 동굴의 남자부터 현재의 남자에 이르기까지, 그 유사함은 그대로이다. 따라서 여성들은 결국 다시 어머니와 같은 자연으로, 그리고 기본적 특성들로 되돌아온다. 앙투아네트 푸크는 여성의 영원한 적으로부터 과소평가되고 가려져 왔던 모성적 위대함(동시에 우리의 의무라고나 할까?)을 다음과 같이 일깨워 주고 있다.

---

* 젠더가 한 가지로 통일된다면 그것은 틀림없이 남성 젠더에 의한 지배가 될 것이므로 젠더가 하나로 통일되지 않도록 조심해야 하고, 젠더가 다양해진다면 남성/여성의 이원성이 무너지므로 이러한 다양성도 조심해야 한다는 주장이다. 결국 1980년대의 페미니스트들은 이원성 젠더만 남아야 한다고 주장했다.

47 《남성/여성 제2권》, p. 38.

48 프랑수아 드생글리(François de Singly), 《남성 지배의 새로운 포장》(Les habits neufs de la domination masculine), Esprit, 1993년 11월, pp. 54~64.

"여성을 그들의 배우자에 비해 무한하게 우월하게 만드는, 여성에게 주어진 이 독특함과 특권의 진정한 가치가 인정받을 때가 되었다. 여성에게 인류애, 관대함, 정신적 우월함을 부여하는 것은 출산의 힘이다." 뤼스 이리가레Luce Irigaray와 같은 생각인 앙투아네트는 어머니와 딸의 관계를 내세우며 다음과 같이 말했다.* "모녀지간의 특별한 관계를 회복한다는 것은 일원성, 일신론, '신은 하나뿐이다'라는 믿음, 일방적 민주주의의 요새를 뛰어넘어 (…) 가부장제를 강요하는 세상의 어두운 면을 드러내려는 시도이다.** (…) 나는 이런 경험, 수련, 능력을 어머니가 딸에게, (…) 딸이 어머니에게 전해 주는 이러한 계보가 어쩌면 구식 모델과는 다른 어떤 새로운 것을 내포하고 있을 것이라고 생각한다. (…) 여성은 남다른 능력, 출산과 연결된 적극적 태도를 가지고 있다."[49]

이와 같은 발언은 남성과 여성을 대립시키는 이원주의를 재건하겠다는 감추지 않는다. 오히려 "여성의 임신, 출산은 한 육체가 타자의 육체를 정신적·육체적으로 수락하는 유일한 자연 현상이다. 그것은 모든 결합의 모범이다."[50]

---

*   제1차 페미니즘이 성 평등, 성해방을 주창하면서 파괴했던 '모성애'적 여성으로 여성을 재정의하고자 함.
** 여성에게 인류애, 관대함, 정신적 우월함을 부여하는 출산의 힘이 있으므로 가부장제는 가당치 않다는 의미.
49 앙투아네트 푸크, 《성에는 두 가지가 있다》, pp. 136~157.
50 상동, p. 157.

따라서 어머니로서의 여성은 대부분의 남성이 알지 못하는, 육체에 각인되어 있는 '포용력'과 미덕을 지니고 있다.[51] 이 사실에 대해 웃어야 할지 울어야 할지는 모르겠다. 생리학적 차이를 미덕과 역할 수행의 기본 요소로 보는 이런 접근 방식은 모성애를 알지 못하는 남성과 여성을 동시에 단죄하는 것이다. 남성의 경우는 구제 방법이 없어진다. 그러나 여성의 경우, 버지니아 울프Virginia Woolf가 만일 어머니였다면 자살하지 않았을 것이며, 루 안드레아스-살로메Lou Andreas-Salomé가 신비롭게 남아있는 것은 출산을 포기했기 때문이라고 말하기까지 한다. 그렇다면 여성 동성애자와 불임 여성, 또는 출산을 거부하는 여성들의 경우는 어떻게 되는 것인가? 그녀들은 그에 따른 당연한 결과를 따르는 수밖에 없을 것이다.

실비안 아가신스키에게 있어 '출산'은 단순한 성 경험이라기보다는 '여성적 정체성을 확고하게 하는 지점'이다. 즉, 잉태의 경험을 동반하는 '일종의 성에 대한 자각이다.'[52] 그러나 이 철학자는 거기서 윤리적 해법을 끌어내는 대신, 특히 한 세대 안에서 남녀 상호 의존성과 남녀 차이에 의해 발생되는 효과에 대해 질문한다. 그녀가 보기에는 남녀 간의 상호 의존성은 자연적인 것이다. 그녀

---

51 푸크에 따르면 출산은 "세대 형성, 몸짓, 운영, 내적 경험, 친밀한 관계의 경험이며 또한, 관대함, 인간 종의 천재성, 낯선 몸을 받아들이기, 극진히 대함, 열림(…) 문화인류학적 모델, 인간 종의 보편성의 모체, 그리고 윤리의 원천과 같다.", 상기 인용, p. 80.
52 《남성/여성 제2권》, p. 105.

는 "인류 자체가 자연적으로 이성애적이고 인간은 일반적으로 타인에 대한 욕망에 의해 생기를 찾으며, 번식을 위해 그 타인에게 의존한다(…)는 것은 너무도 명백하다"고 말한다고 하면서, "동성에 대한 절대적 관심은 오로지 우연한 것이며, 심지어는 아주 예외적인 것이다(실제로 많은 동성애자가 있긴 하지만)"[53]라고 주장한다.

결과적으로 남녀가 서로 의존적 관계를 벗어날 때, 즉 서로 헤어지거나 각각 다른 성에 대한 욕망보다 자신과 같은 동성에 대해서 더 욕망을 느낄 때 더 이상 남녀의 차이점에 대해 생각하지 않게 된다. 논리적인 실비안 아가신스키는 남성과 여성으로 이루어진 혼성 커플의 모델을 포기하려 하지 않는다. 왜냐하면 종족 보존은 남녀 혼합이라는 자연적 기원 위에서 지속되어야 하기 때문이다.[54]

남성/여성의 이원론은 여기서 동성/이성의 이원론과 겹쳐진다. 동성/이성의 자연적 근거에 대해서 당연히 의심해 볼 수 있으나—프로이트는 이성애가 동성애보다 문제성이 덜 한 것은 아니라고 알려주었다.—남녀 정체성에 대한 철학적 문제와 남녀 관계에 대한 정치적 문제를 해결하기 위해서 생물학과 해부학에 도움을 호소하는 것은 어쩔 수 없이 자연주의에 복귀하는 것을 의미한다. 자연주의가 페미니즘 이론가들 사이에 일치하는 결론은 아닐지라도, 그것은 어느 것과도 비교할 수 없는 단순하고도 명확한

---

53 《남성/여성 제2권》, p. 108.
54 《남성/여성 제2권》, p. 135.

장점을 가지고 있다. 흔히 여론이 중요시하는 '양식'은 수십 년간 파괴되고 문제시된 후, 이제서야 제 권리를 되찾게 된 것이다.

남성 지배 개념

30년 전부터 남성 지배는 끊임없는 추적의 대상이 되어 왔다. 그 것은 학교, 사생활 또는 직장 생활, 성적인 관계 그리고 무의식중에 관찰된다. 남성 중심주의는 어디에서나 볼 수 있고, 실체를 숨긴 채 전진하므로 더욱더 무서운 것이다. 모양도 바이러스처럼 다형질이다. 끝났다고 생각할 때, 다른 방법으로 재생성된다. 남자들은 여자들을 지배하면서 얻게 되는 물질적, 성적 특권을 절대 포기하지는 않을 것이다.

니콜-클로드 마티외Nicole-Claude Mathieu[55], 콜레트 기요맹Colette Guillaumin[56], 크리스틴 델피Christine Delphy[57]의 선구자적 연구 결과에서부터 남성 연구에 관한 최근 자료에 이르기까지[58] 남성/여

---

55 《성의 분류에 관한 사회학적 정의에 대한 고찰》(Notes pour une définition sociologique des catégories de sexe), 1971년 출간. 1991년 《정치 해부학, 성 이데올로기와 분류》(L'Anatomie politiqye, catégorisations et idéologies du sexe)로 재간.

56 〈권력의 행사와 자연에 대한 사고, 여성을 길들이기〉(Pratiques de pouvoir et idées de nature, l' approproation des femmes), 《성, 종족, 그리고 권력》(Sexe, race et pratique du pouvoir)에 재수록됨. Côté femmes, 1992.

57 《주적》(L' ennemi principal), Partisans, No. 54~55. 1970년 7~8월호.

58 앵글로색슨족(미국, 영국 등)의 '남성학'(Men's studies)과 비슷한 D. 웰저-랑의 작업을 참고할 것.

성의 권계를 연구하는 사회학자들과 인류학자들은 '남성은 패권주의적이고 지배적인 젠더이다'[59]라고 동일하게 인정한다. 다니엘 웰저-랑Daniel Welzer-rang에 따르면 남성 지배가 존재한다는 것은 오늘날 명확한 사실이다. "남성/여성의 관계는 사회적 관계라고 말하는 것이 이제 만장일치로 합의되었다. (…) 사회 전체는 남자와 남성에게는 고귀한 작위를, 여자와 여성에게는 보잘것없는 직위와 업무를 주는 상징적 방법에 따라 분류되어 있다. 이와 같은 세상 분배, 성[性]에 근거한 우주 분배는 폭력에 의해 유지되고 조절된다. 가정에서의 남성 폭력에서부터, 직장 폭력을 거쳐, 전시의 강간에 이르기까지, 무수하고 다양한 폭력은 집단적으로 개인적으로 남성이 여성을 희생시켜 가며 권력을 유지하려는 양상을 띤다."[60]

그러므로 인종차별주의와 파시즘에 대항하듯이 남성 지배주의에 대해서도 투쟁해야 한다. 그러기 위해서는 다음과 같은 질문들이 선행되어야 한다. 남성 지배와 그것의 근간이 되는 폭력이 우리가 자주 듣는 것처럼 그렇게 보편화되어 있다면 도대체 어디에서부터 구원이 올 수 있는가? 스스로 페미니스트라 자처하는 남자들로부터 구원을 얻을 수 있을까? 그들은 착취자의 신분으로

---

59 D. 웰저-랑, 《남자와 남성에 대한 새로운 접근》(Nouvelles Approches des hommes et du masculin), 1998, p. 11.
60 상동, pp. 111~113.

부터 그들 스스로 벗어나기 위해 그들의 배우자에게 무엇을 제안하는가? 집단적 자각과 자각 이후의 자아비판인가? 그러나 그것이 사고방식과 행동 양식, 특히 제도들을 붕괴시킬 수 있는가? 이런 어려움은 악의 표명으로부터 온다. 물론 '남성의 본성'에 호소하는 것은 자제해야 한다. 남성의 본성은 여성이 변화를 기대하지 못하게 만들어 버리고, 받아들일 수 없는 '남녀 분리주의' 밖에는 제공하지 못하기 때문이다. 그러나 지금의 보편화된 이론들은 전통적인 남성성을 더욱 견고하게 하고, 본질적인 것으로 만들어 버리고 있다.

자유주의자로 알려진 보르도의 이슬람 사원장은 "남성 지배는 기정사실로, 문화를 초월하고 불변하는 것이다"라고 결론지었다. 그는 '다시 원래대로 되돌려놓을 수 없는 남성과 여성의 차이점, 소위 말하는 Y염색체'에 의해 남성 지배를 설명한다. 만일 Y염색체의 잘못으로[61] 남성 지배가 이루어진다면, 도대체 이 지배 속에 내재해 있는 '남성성'(남성다움)은 어디에서 오는 것인가? 어떤 이들은 여성의 생산 능력에 대한 남성의 영원한 질투에서 오는 것이라 하고, 다른 이들은 성과 관계된 것이라고 한다. 미국의 급진주의자들은 발기가 남성력의 상징이며, 남근은 여성을 실추시키고 소유하기 위해 사용되는 무기라고 말한다. 남성성이 사회적 특권의 원천이라 말하는 사람들도 있다. 남성을 자본가에, 여성을 프

---

61 타렉 우부로프(Tareq Oubrov)의 인물화 《리베라시옹》, 2002년 8월 20일.

롤레타리아 계급에 비교하면, 남자들은 본질적인 것을 제대로 보존하기 위해 아주 사소한 것만 양보한다는 것을 알 수 있다. 사회학자인 프랑수아 드 생글리에 따르면 '중성화'를 구실삼아 남성 지배는 더욱더 강화되었다. 마초macho들(남성 우위를 과시하는 남성들)이 실패했다는 것은 사실상 속임수에 불과하다. 남성 계층이 여성 계층의 공격에 더 잘 저항하기 위해 넘겨준 영토라고 생각할 수도 있다. 그들은 누가 보기에도 탁월한 남성적 영역을 잃은 대신, 그들의 최고 지배권을 행사할 수 있는 다른 영토들, 즉 과학, 정보, 정치와 같은 '중립적'(이런 분야들은 사실상 중립적이지 않다) 영역을 보존했다.[62]

이런 이야기를 듣고 있으면, 실망감은 더욱 커진다. 남성의 지배는 문화를 초월할 뿐 아니라 영원한 것이다. 그러나 포기하지 않고 남성 지배에 대항하려는 사람들도 있다. 행동파 페미니스트 존 스톨텐버그John Stotenberg는 스스로 남자가 되기를 거부하면서[63] 남성다움에 종지부를 찍자고 주장하기도 했다.

이와 같은 극단적 해결책까지는 가지 않더라도, 어떤 사람들은

---

62 〈남성 지배의 새로운 포장〉(Les habits neufs de la domination masculine), 상기 인용, p. 60. 프랑수아즈 에리티에도 이 관점에 동의하고 있다. "남성 독점 영역의 모든 보루가 점차적으로 무너지고 있다. 그 패배가 단순히 상징적인 것일지라도 (…) 그러나 이 무너진 보루들은 다시 세워진다. 우리가 전혀 눈치를 채지도 못하는 새로운 형태의 보루들이 다시 세워질 것이다."《남성/여성 제1권, 차이에 대한 고찰》(Masculin/Féminin Ⅰ, La pensée de la différence), 상기 인용, p. 301.

63 《남자이기를 거부하기》(Refusing to Be a Man), 1990.

정신분석학과 교육학에 기대를 걸어 본다. 정신과 의사이며 성차별주의 반대 전국남성기구 〈NOMAS: National Organization for Men Against Sexism〉의 활동가인 테리 쿠퍼스Terry Kupers는, '성차별주의자가 되지 않으면서 강한 남자라고 느낄 수 있게 해주는 방법으로서 '힘'의 정의를 내려야 한다'[64]고 주장한다. 다니엘 웰저-랑은 NOMAS의 대변인 마이클 킴멜Michael Kimmel에 의해 제시된 해결책 '남성은 무력함을 배워야 한다'[65]라는 주장에 더 찬성한다.

물론 우리에게 제시된 치유법과 진단법 앞에서 우리는 배가된 불편함을 느낀다. 가장 비관적인 사람들이 뭐라고 하든, 서양 여성의 신분과 행동 양식이 상당히 변한 것은 사실이다. 그런데도 남자들은 진보가 불가능한 유일한 인간 부류란 말인가? 남성의 본질(남성의 지배)은 요지부동의 것인가?

우선 여성 계층과 남성 계층이라는 대립된 층으로 일반화하는 데에서 오는 불편함이 있다. 남성/여성 계층을 양분화시킴으로써 그간 페미니스트들(1990년대 이전의 페미니스트들)이 전력을 다해 반대해 오던 본질주의의 함정으로 다시 추락하는 것은 아닌가? 사실상, 모든 남성에게 적용할 수 있는 '보편적 남성다움'은

---

64 D. 웰저-랑에 의해 인용, 상기 인용. p. 25.
65 상동. Men and Masculinities 잡지 편집인이며 미국 남성학(Men's studies)계의 선두주자인 마이클 킴멜의 기사 참조, 〈누가 페미니즘을 주장하는 남자를 두려워하는가?〉(Qui a peur des hommes qui font du féminisme?), pp. 237~253.

없다. 여성다움에도 여러 종류가 있듯이 남성다움도 여러 양상을 띤다. 이원적인 카테고리는 위험하다. 왜냐하면 그것은 아주 단순하고 구속적인 구도를 위해 현실의 복합적 측면을 지워 버리기 때문이다. 성을 하나로 묶어서 비난하는 것 역시 성차별주의와 비슷하기 때문에 불편하다. 또한 남성 지배라는 예전의 나쁜 추억을 상기시키는, 남자들을 '재교육한다'는 의도도 불편하기는 마찬가지다. 새로운 페미니스트들이 내세우는 '재교육적인' 슬로건은 '일부 남성의 악덕에 대항해 싸운다'기보다는 '남성을 바꾸어 버린다'라는 의미를 은연중에(때에 따라서는 명백하게) 내포하고 있기 때문이다. 이런 슬로건 자체는 전체주의적 유토피아를 상상하게 한다.

결국 '남성 지배'에 대한 단순화되고 통합화된 개념이 걸림돌은 아닌지 자문해 볼 수 있다. 근본적으로 이타성을 전제하고 있는 남성 지배란 말은 이성 관계의 복합성, 역사성 그리고 발전에 대해 생각하지 못하도록 이끌 수 있다. '완벽한 올가미 같은' 이런 개념은 남성과 여성을 분리하여 반대 진영에 가두어놓고 남성과 여성이 인류라는 공통 분모에 속한다는 사실을 인지하지 못하게 하고, 남녀 상호간에 영향에 대하여 이해할 수 있는 모든 기회의 문을 닫아 버리는 것이다.

선악의 흑백 논리

남성/여성을 대립시키는 이원론은 우리가 제거했다고 주장하는 '성의 위계'를 새롭게 확신시킨다. 게다가 우리의 투쟁 대상인 '권력 계급'에 '윤리적 차원의 위계'까지 적용시킨다. 권력을 갖고 있는 성(남성)은 '악', 박해받는 성(희생자: 여성과 아동)은 '선'이 되었다. 희생자들에게 '선한 계급'이라는 새로운 신분이 주어짐에 따라 계급에 대한 인식이 강화되었고, 그 중 첫 번째 희생자(선한 계급)로 선정된 것이 '아동'이다.

1990년대 들어, 특히 1997년 일어난 뒤트루Dutroux 사건* 이후 아동을 대상으로 한 성적 학대는 너무 오랫동안 감춰져 왔던 범죄로 마침내 드러나게 되었다. 절대로 그런 파렴치한 일에 더 이상 모른 척하지도 동조하지도 말 것을 모든 사람에게 호소했다. 그 결과 당시의 신문, 잡지를 읽어보면 아동 성 학대가 갑자기 증가한 것처럼 느껴진다. 거의 한 주도 거르지 않고 초등학교 선생님, 교육자, 성직자가 강제 소환되었다는 기사가 실렸다. 어린 아동과 접촉하는 직업을 가진 모든 사람들에 대해 일종의 강박 관념이 생겨난 것이다.

---

* 벨기에서 일어난 전대미문의 미성년자 성폭행사건. 마르쿠 뒤트루는 아내를 포함한 공범들과 함께 5세도 안된 여아들을 포함해 수많은 어린이들을 납치, 감금, 강간, 살해했다. 이 사건으로 벨기에는 큰 혼란에 휩싸이게 되고 수많은 국민들이(35만 명) 거리로 나와 범죄 및 수사에 대한 정부의 무능에 분노를 표출했고, 정치권도 심도 깊은 제도 개혁을 하게 된다.

프랑스 교육부를 대표하여 세골렌 루아얄Ségolène Royal 장관이 1997년 8월 26일 성명을 발표한 것이 바로 그 당시였다. 그녀는 이미 형법에 명시되어 있는 교육자의 책임에 대해 상기시켰다. "한 아동이 국립 교육기관의 종사자에게 자신이 어떤 특정 사건의 피해자라고 고백하는 순간, 그 교육 공무원은 반드시 즉각적으로, 그리고 직접적으로 1심 법원 검사에게 이 사실을 알릴 의무가 있다." 루아얄 장관은 저녁 8시 TV 뉴스에서 이 법에 대해 직접 설명했다. 어린이의 말은 존엄하므로 공무원이 고발이 그들의 의무라는 사실에 여론은 동조했다. 루아얄 장관은 TV 방송을 통해 "어린이가 하는 말은 진실이다"[66]라고 여러 차례에 걸쳐 말했다. 몇몇 아동정신병 전문의들은 매스컴을 통해 동일한 이야기를 반복했고, 한 학대아동보호협회는 '어린이의 진술은 사실로 가정되어야 할 권리'[67]가 있다는 것을 헌법상에 명시해야 한다고 주장했다. "진실은 어린아이 입에서 나온다"는 속담이 다시 활기를 띠게 되었으며, 이 속담으로부터 "희생자는 언제나 옳다"라는 생각이 더 명백해지고 보편화되었다. 폴 벵수상Paul Bensoussan도 "희생자는 희생자이므로 진실을 말한다는 생각이 지배적이다"[68]라고 말했다.

---

66 2001년 1월 21일 프랑스 2TV의 낱말 맞추기 프로그램, 베르사유의 항소법원 소속 정신과 의사 폴 벵수상과 플로랑스 라울(Florence Rault) 변호사 공저, 《감동의 독재》(La Dictature de l' émotion) 참조. 2002. pp. 234~238.
67 2002년 6월 21일자 《르푸엥》지의 인용.
68 상동.

아동의 문제는 곧 여성의 문제이기도 하다. 지배적이고 공격적인 남자들에게 아동과 여성은 모두 순수하고도 무력한 희생자들이다. 희생자는 언제나 옳다는 생각에, '희생자는 악의 힘에 의해 위협받고 있는 선을 상징한다'는 생각이 무의식적으로 추가되었다. 이러한 선악의 흑백 논리는 본질적 차별주의에서 차용된 두 가지 결과를 초래한다.

첫 번째는 급진적으로, '남녀 분리주의'에 호소한다. '여성 국가주의'의 의도[69]를 아주 잘 분석했던 릴리안 캉델Liliane Kandel은 여성 국가주의가 어떤 생각 아래 어떻게 존재하게 되었는지 그 흐름을 분명하게 설명해 준다. 원래 '여성 국가주의'라는 주제는, 1980년대 초 티-그레이스 앳킨슨Ti-Grace Atkinson이 비판한 것처럼, "남성의 모든 것과는 근본적으로 상이하고 동화될 수 없는 개체를 구성하고 있는 여성의 정신, 능력, 감정이라는 고유한 장점을 전제로 하고 있다."

1989년 뤼스 이리가레는 자신의 책에서 남성/여성의 대립과 여성의 이상화에 대해 다음과 같이 설명한다. "남성 종족은 어디에서나 전쟁을 한다. 그들은 전통적으로 육식주의자이고 경우에 따라선 식인종이다. 따라서 먹기 위해 죽여야 하고, 자연을 점점

---

69 《여성들은 한 종족을 이루는가?》(Les femmes sont-elles un peuple?), 《여성, 국가 그리고 유럽》(Femmes, Nations et Europe), 훅 드마를르(Hook-Demarle) 감수, 1995, pp. 40~59.

더 굴복시켜야 한다."[70] 여성 종족은 모성적인 미덕에 의해 행동하며 남성은 그와는 반대이다. 이 페미니즘은 채식주의 철학, 그리고 자연보호주의와 공통적 명분을 내세운다. 따라서 다음과 같은 정치적 주장을 한다. "여성은 자신과 자식의 삶을 보호할 수 있는 합법적 권리를 갖게 될 것이다. 또한 남성 권리의 모든 일방적 결정에 대항하여 자신들만의 주거지, 전통, 종교 등도 갖게 될 것이다. TV와 같은 매스컴의 절반 정도가 여성들에게 알맞게 맞추어질 것이다." 더 나아가 그녀는 다음과 같은 결론을 내린다. "여성은 세계의 절반에 해당하는 시민이다. 시민으로서의 신분을 가져야 하고 이 신분에 걸맞은 권리를 함께 가져야 한다."[71] 다시 말해 그것은 '여성 집단을 위한 특수하고 특별한 권리들'을 기반으로 한 법적 체계를 말한다. 캉델이 말한 것처럼, 이러한 차별적 권리 주장 뒤에는 남성과 여성의 권리 차이에 대한 요구가 뚜렷이 나타나고 있다.

1970년 MLE 창간호에 실린 글에서부터 나타나기 시작한 페미니스트적 국가주의의 또 다른 흐름은 성적 이분법의 두 번째 양상을 띠고 있다. "우리는 민중이다." (다시 말하면 프롤레타리아 계급의 진짜 민중이라는 뜻이다.) "질서를 전복할, 거의 구원자적인 가장 뛰어난 그룹의 여성들은 예전에 무장한 민중 또는 프롤레타

---

70 이리가레,《차이의 시대》(Temps de la différence), p. 23, L. 캉델에 의해 인용됨, 상기 인용, p. 51.
71 상동.

리아에게 주어졌던 사명, 즉 혁명과 모든 압제의 근절, 새로운 인문주의의 도래[72]라는 사명을 떠맡게 되었다."

여기에서 이미 시대에 뒤진 1968년의 사상의 흔적들을 본다는 것은 잘못일 것이다. 이런 어휘들은 그 당시에만 통용되던 것이지만 그 속에 담긴 사상은 아직 죽지 않고 살아남아 있다. 일부 사람들이 생각하는 것처럼 지배 문화 속에 깊숙이 자리 잡고 있는 남성에게서는 기대할 것이 아무것도 없다고 한다면, 구원은 본질적으로 자애롭고 평화를 사랑하는 그들의 희생자인 여성에게서밖에는 올 수가 없다.

최근에 이 흑백 논리의 또 다른 예가 프랑스에서 나타난 적이 있다. 1992년부터 1999년까지 정치권에서는 남성 대 여성의 숫자적 평등에 관한 토론이 지속되고 있었다. 이를 계기로 우리가 낡아빠졌다고 생각했던 몇 가지 주제가 명예롭게 제자리를 찾았다. 초기에 남녀 동등은 의회에 진출한 몇 안 되는 여성 의원 숫자를 근거로 거의 방법론적 차원에서 해결할 수 있는 문제로 인식되었다.[73] 즉 여성의 본성에 대한 고려 없이 무조건 숫자를 균등하게 하려는 생각이었다. 하늘 반쪽에 해당하는 사람에게 의석수의

---

72 상동, p. 42. 〈여성 해방을 위한 투쟁〉(Combat pour la libération de la femme), 《국제적 멍청이》(L' Idiot international).

73 동등에 대한 사고는, 프랑수아즈 가스파르, 안느 르 갈, 클로드 세르반슈레베 (Françoise Gaspard, Anne Le Gall, Claude Servan-Schreiber)의 공저에서 처음 등장했다. 《여성 시민이여 권력을 잡아라! 자유, 평등, 동등》(Au pouvoir citoyennes! Liberté, égalité, parité), 1992.

절반을 주어야 한다는 해결안은 통계적으로 매우 명백한 것이므로, 간단한 해결방안이라는 장점이 있었다. 이 상황에서는 여성적 본성이나 차이점의 고려를 주장하는 것은 말도 안 되는 일이었다.

그런데 동등*에 대한 생각이 무르익기도 전에 여기저기서 가장 먼저 달려든 사람들은 바로 여성 정치인들이었다. 1984~1985년에 걸쳐 마리에트 시노Mariette Sineau는 40여 명의 여성 정치인들을 대상으로 설문조사를 했는데, 대부분은 자신들의 인간적인 면을 다음과 같이 강조했다. "다른 사람의 이야기를 더 많이 듣고, 더 주의를 기울이며, 실상을 파악하기 위해 현장에 더 자주 나가는 것 등은 현재의 여성 정치인에게 부여된 과제이다."[74]

1992년 이후 다른 유명 여성 정치인들은 자신들의 특수한 장점을 내세워 남녀 동등의 정당함을 증명했다. 시몬 베유Simone Veil에 따르면, "남성에 비해 개인적 야망에 관심을 덜 갖는 여성들은, 행동을 통해 구체적 결과에 이르기를 원한다. 위험을 조금 감수하면 어떠하랴? 형식을 좀 덜 갖추면 어떠하랴? 이렇게 그녀들은 자

---

* 1990년 이후 들어 '평등' 개념 대신 '동등'이라는 새로운 개념이 도입되었다. 2000년 6월 프랑스는 세계 처음으로 점차적 동등 법안(선거에서 각 정당의 남녀후보 비율 동일화)을 제정하고, 2001년 남녀 직업 동등법, 2002년 자녀가 아버지나 어머니의 성 가운데서 자유롭게 선택할 수 있도록 한 가족성관련법을 공포하기에 이르렀다.

74 J. 모쉬-라보(J. Mossuz-Lavau)에 의해 인용. 《여/남 동등에 대해》(Femmes/ Hommes pour la parité)에 의해 인용. 《여/남 동등에 대해》(Femmes/ Hommes pour la parité), 1998, p. 78 《정치계에서의 여성》(Etre femme en politique), 1997, pp. 28, 153, 166.

신의 업무 수행을 위해 결단력과 용기를 가지고 전력 질주한다."[75] 물론 남성들이 자신의 개인적 야망에 사로잡혀 있다거나 결과에 개의치 않는다거나 용기가 없다는 것은 아니다. 마르틴 오브리Martine Aubry도 여성들은 "권력보다 실행에 더 관심이 있기 때문에" 훨씬 더 현실적이라고 생각한다. 따라서 그녀들은 정치를 함에 있어 사람들에게 더 가깝고 더 구체적인 새로운 방법을 가져올수 있다.[76] 엘리자베스 기구Elisabeth Guigou 역시 '용감하고 강인하며 헌신적인' 여권 신장 운동가들과 함께, 야심보다는 자신의 사상을 관철시키는 여성 정치인의 미덕에 대해 장황하게 설명했다. "모두가 조금은 반항적인 여성 정치인들은 권력, 화려함, 형식적인 의례들을 멀리할 수 있다.[77] 간단히 말해 동료 남성과는 비교할수 없을 만큼 훨씬 더 큰 친화력을 보인다." 그러나 엘리자베스 기구는 남녀 차이를 강조하는 페미니즘의 논지들을 사용하려 한걸음 더 앞서갔다. 특히 잉태 및 생식과 관련해서, 남성/여성간의 더이상 줄일 수 없는 차이를 강조한 앙투아네트 푸크의 논리를 사용하면서 다음과 같은 결론을 내린다. "성에는 두 가지가 있다는 것을 인정해야 한다. 풍요와 희망의 사도(…) 이는 두 가지의 성, 세상을 바라보는 두 가지 방법[78]이 있다는 것, 따라서 정치를 하는

---

75 상동, pp. 78~79.
76 상동, p. 79.
77 《정치계에서의 여성》(Être Femme en politique), 1997, pp. 28, 153, 166.
78 상동, p. 235.

데 있어서도 두 가지 방식이 있다는 것을 인정하는 상징적 구분으로 가는 첫걸음이다."

물론 일부 양성평등주의자들의 논쟁에서부터 나온 이런 이원론이 처음부터 남녀 분리주의자들과 같은 선동적 양상을 띠지는 않았다. 그러나 여성이 덜 호전적이고 덜 공명심이 강하고 덜 이기적이며, 더 현실적이고 삶과 자유를 위한 전투에서 더 헌신적이라고 너무도 반복하여 말한 나머지, 남성상을 실속 없는 것으로 묘사하게 된 것이다. 특히 '모성애적 사고'를 주장함으로써, 남성에 대한 여성의 정신적 우월과 동시에 여성만의 특권을 은근히 합리화했다. 이런 식으로 모성애를 들먹여 은연중에 여성성을 강조함으로써, 이러한 이원주의적 논의에 반대하는 다른 평등주의자들의 반감을 차단할 수 있는 것이다.

몇 년 전부터 들어오던 이런 종류의 모든 연설은 여성에 대한 소위 '인습적 사고'를 낳게 한다. 여성은 남성 사회의 희생자인 동시에 남성에 의해 파괴된 것들을 고쳐 놓는 용감한 병사의 모습으로 나타난다. 〈용기를 내시오. 수리공 여성들이여!〉란 제목의 기사에서 크리스틴 클레르크Christine Clerc는 이에 대한 완벽한 설명을 제시한다. "국회와 정부 각 부처에서 압도적인 다수를 차지하고 있는 남자는 그들의 이름이 붙은 법령을 만들고, 법, 그것도 어마어마하게 많은 법을 유린한다.

(…) 여성은 수천 개의 각종 사회단체뿐 아니라 노인, 환자, 소외당한 사람, 폭력의 피해자, 사춘기 소년 소녀, 정치 망명자들을

돌본다." 여성 정치인들은 사회봉사를 한다. "그녀들은 모든 것을 주의 깊게 살피고 감시한다. 이런 일은 종종 큰 위험을 동반한다." 그리고는 여기저기서 낭테르Nanterre의 여자 시장 프레스Fraysse의 용기와, 여자 시의원 아쟁Agen, 스트라스부르Strasbourg, 보베Beauvais와 아미앵Amiiens의 용기를 칭찬한다. 물론 파리 시장 베르트랑 들라노에Bertrand Delanoë가 칼에 찔려 쓰러지자마자 제일 먼저 구호의 손길을 내민 안느 이달고Anne Hidalgo의 역할도 잊지 않았다. 정복자 여인들에게 경의를 표하고, 수리공 여성들에게 감사[79]해야 할 것이다.

결국 용기, 희생정신, 헌신은 어머니의 미덕들이다. 이 선량한 어머니들은 나쁜 아버지들의 악덕이나 충동에 대해서는 전혀 알지 못한다. 그러나 좀 더 자세히 살펴보면, 대립적인 이원주의에서 주장하는 것(남성은 악덕, 여성은 미덕이라는 대립 관계)과는 달리, 복잡하고도 잡다한 현상들을 볼 수 있다. 2000년도 공식 집계에 따르면 위험에 처한 아동은 당시 8만 3천 8백 명이었다.[80] 2002년 12월 8일 노인 전담 부처 장관은 노인 인구 중 80만 명이 학대받고 있다고 했다. 그렇다면 그 이전에는 남성들만이 아동과 노인들을 돌보고 담당하고 있었단 말인가?

어떤 사실을 이해하는 데 있어 무조건적인 혼합은 좋은 방법이

---

79 《마담 피가로》(Madame Figaro), 2002년 11월 16일자.
80 2000년 집계, ODAS.

아니다. 그리고 한 성에 대한 집단적 비난은 성차별주의적이며 정의롭지 못하다. 폭력 자체를 남성들의 슬픈 특권으로 만들어 버리고 정상적인 것과 병적인 것을 혼동하면서, 우리는 오진하고 있는 것이다. 이러한 오진으로는 올바른 처방을 내리지 못한다.

CHAPTER II

언급되지 않은
여성 폭력

어떠한 투쟁이든 간에 실제의 다양한 상황들을 고려해야만 하는 어려움에 부딪히게 된다. 여성운동도 마찬가지이다.

여성들에게 가해진 가정 폭력에 관한 프랑스와 유럽의 최근 보고서들은 충격적인 사례들과 함께 경각심을 일깨울 만한 놀라운 통계를 보여준다. 가장 최근에 유럽의회가 발표[1]한 통계에 따르면 유럽 여성 다섯 명 중 한 명이 가정 폭력의 피해자로, 대부분의 경우 가족 누군가에게 폭력을 당한 것으로 나와 있다. 가정 폭력이 '암, 교통사고, 심지어 전쟁을 앞질러' 사망과 불구에 이르게 하는 주원인으로 나타난 셈이다. 프랑스에서는 매달 여섯 명의 여성이

---

1 〈여성에게 가해진 가정 폭력〉 2002년 9월 27일, 2002년 12월 31일, 2002년 12월 31일자 《르 피가로》와 《라 마르슈 데 팜므》(La Marche des femmes)의 통신란 참조.

부부 폭력의 후유증으로 사망하고 있다. 스페인에서는 거의 매주 한 명의 여성이 배우자 또는 동거인에 의해 살해되고 있다. "부부 간의 폭력 사태는 지난해에 ETA(프랑스와 스페인 국경지대의 바스크족 분리운동 단체) 테러보다 세 배나 더 많은 피해자를 냈다." 2001년 부부 폭력의 피해자인 프랑스 여성 1백35만 명은 전체 프랑스 여성 인구의 10%에 해당[2]하며, 스페인 여성 피해자 2백만 명은 스페인 여성 인구의 11%에 이른다고 한다. 이제는 더 이상 정확한 통계를 제시하지 않고도 얼마든지 살해당하고 구타당하는 여성, 폭력적인 남편이 이야깃거리가 되고 있다. 그런데 우리는 이미 제1장에서 프랑스 가정 폭력의 실태 조사를 통하여 폭력의 개념이 육체적 가해와 함께 정신적 억압을 포함한다는 것을 알았다. 심리학자들의 말에 따르면 정신적 폭력과 언어 폭력을 계속 당하는 것은 육체적 폭력만큼이나 파괴적이다.

이와 같은 통계 자료를 보고 있으면 '남성 폭력'이라는 새로운 전염병이 존재하는 것 같기도 하다. 이 전염병 현상이 유럽이나 경제적으로 열악한 대륙에서나 거의 비슷하게 나타나는 것을 볼 때, 우리는 남성의 본성적 폭력의 심각성에 대해 절망감에 빠지지 않을 수 없다. 그런데 몇 가지 의문점들이 있다. 유럽의 각 국가가 이혼을 인정하고 있음에도, 왜 정신적 억압을 받는 그렇게도 많은

2　앙베프 설문조사.

여성들이 이혼을 하지 않는 것인가?[3] 왜 짐을 싸서 훌쩍 떠나지 않는 것인가?

가장 명백한 답은 자신과 자신의 아이들의 필요를 충당해야 하는 이 여성들의 물질적 수단의 결핍, 즉 '경제적 무능력'이다. 그러나 유럽의회 보고서는 우리에게 새로운 사실을 알려주는데, 그것은 "가난과 낮은 교육 수준은 중요한 요인이 아니며, 가정 폭력은 오히려 교육 수준과 소득 수준에 비례하여 높아지는 것"이라는 사실이다. 유럽의회 보고서 작성자가 인용했던 네덜란드의 한 연구 보고는 여성에게 폭력을 행사하는 당사자가 거의 대부분 대학 졸업장을 가지고 있다고 밝혔다. 물론 이것이 피해자 역시 반드시 대학 졸업자라는 뜻은 아니다. 하지만 여성 또는 남성들이 잔인한 사람들의 폭력을 피할 수 있는데도 그냥 당하고만 있는 '수동성'에 대해서는 놀라움을 금할 수 없다.[4] 역설적으로 이에 대한 대답은 조금 뒤에 이어지는 '구타당한 남성들'의 모습에서 찾게 될 것이다.

게다가 5만 명의 프랑스 여성이 매년 강간을 당하고, 2001년에는 4만 1천 명의 스페인 여성이 남편의 폭력을 고발했고, 25세

---

3 육체적 폭력을 당하거나 사실상 감금되어 생활하는 여성들일지라도 떠나는 것이 불가능한 경우들을 우리는 알고 있다.

4 앙베프 설문조사에 따르면, 자신이 피해자라고 신고한 여성 중 10%는 직장의 고위 간부, 9%는 일반 직장 여성, 8.7%는 노동 계층 여성이다. 실업 여성은 13.7%, 학생은 12.4%로 집계되었다.

에서 35세 사이의 그리스 남성 네 명 중 한 명이 배우자를 적어도 한 번 이상 폭행한 경험이 있다는 사실을 접할 때. 도대체 폭력을 휘두르는 남성은 어떤 사람일까? 정신병자일까? 사디스트인가? 성질이 포악한 사람들인가? 아니면, 모든 남성들은 선천적으로 지배하려는 욕망을 갖고 있고, 이 지배욕에 의해 폭력을 휘두르는 것일까? 요컨대, 남성 폭력은 병적인 것인가 아니면 남성 특유의 충동에 의한 것인가?

생각지도 못했던 여성 폭력

범죄 통계 자료에 의하면, 남성 폭력 수치와 여성 폭력 수치는 거의 일정하다. 즉 고의적 살해, 구타, 폭력으로 인해 처벌된 범죄자의 약 86%는 항상 남성이라고 한다.[5] 이와 같이 남성 범죄가 여성 범죄에 비해 훨씬 많기 때문에 심리학자와 정신분석학자를 제외하고는 여성 폭력에 관심을 갖는 사람은 거의 없다. 따라서 페미니스트들에게 있어서도 '여성 폭력'이라는 주제는 금기이다. 그리고 어느 페미니스트도 '남성은 지배자, 여성은 피해자'라는 이미지가 주는 효과를 축소시킬 생각은 할 수 없으며, 아예 그에 대한 생각조차도 없다. 이 점에 대해 우리는 언제나 같은 식으로 다

---

5 〈연구와 통계, 법〉(Etudes et statistiques, Justice), No. 19, 2000년 임시 자료.

음과 같이 변명한다. "여성이 가하는 폭력은 하찮은 것이고, 그것은 언제나 남성 폭력에 대한 반응으로 나온 것이며, 따라서 이 폭력은 정당한 것이다." 그렇기 때문에 실비안 아가신스키(사회당 당수로 프랑스 총리를 지낸 조스팽의 아내) 역시 다음과 같이 말한다. "여성이 폭력을 쓰는 것은 언제나 반항이나 저항, 혁명을 위해서이고, 때로는 테러를 일으키기 위한 것이다. 그녀들의 폭력은 일반적으로 폭력에 맞서 대항하는 반사적 폭력이다. 범죄학자들이 지적한 것처럼 이러한 경우가 아닌 또 다른 이유가 있다면, 여자를 죽이는 남자는 여자를 사랑하는데도 그녀를 굴복시키려다 보니 결국 죽이게 된 것이고, 반면 여자가 남자를 죽일 때는 대부분의 경우 남자로부터 해방되기 위해 죽인다."[6]

프랑수아즈 에리티에[7]도 이들과 같은 설명을 하고 있으며, 투쟁적인 사회학자 다니엘 웰저-랑 역시 "여성이 그동안 받아 온 억압과 남성이 받은 억압을 동등하게 취급하는 것, 즉 여성이 그간 당해 온 폭력들과 몇몇 여성들의 폭력(배우자에 대한 복수심 또는 절망에 의한 폭력)을 동일시하는 사람들의 주장 앞에서는 분노가 인다"[8]고 고백했다. 세실 도팽Cécile Dauphin, 아를레트 파르주Arlette Farge가 편집한 공동 저작물 《여성의 폭력에 관하여》[9]는 이같은

---

6 상기 인용, p. 152.
7 《남성/여성 제2권》, p. 305.
8 《남성에게 접근하는 새로운 방법들》(Nouvelles Approches des hommes), 상기 인용, p. 23.
9 1997년, 포켓북.

주장을 더욱 명백히 드러낸다. 이 책의 서문에는 다음과 같이 쓰여 있다. "제목 자체가 이미 페미니스트들에게는 고통스러운 주제이며, 여성 폭력의 실제를 고찰하는 것은 그녀들에게 정당하지 않은 것처럼 보일지도 모른다. 왜냐하면 페미니스트들은 어디까지나 '여성에게 가해진 남성의 폭력'을 고발해야 하고, '여성이 남성에게 가하는 폭력'을 다룬다는 것은 여성의 명분을 더럽히기 때문이다." 하지만 능력 있는 페미니스트 여성 교수들과 여성 역사가들이 집필한 열 개의 평론 중 어떤 평론도 명확하게 여성 폭력의 본질에 대해서 또는 여성 폭력을 옹호하기 위해서 집필된 것은 없다.[10] 어떤 평론은 아예 그 주제에 대해 말도 꺼내지 않는다. 언제나 남성 폭력과 거기서 파생된 여성 폭력만을 상기시킬 뿐이다.

그나마 조금이라도 여성 폭력에 대해 언급한 책이 도미니크 고디노Dominique Godineau의 《여성 시민, 선동자, 단두대의 분노》[11]이다. 그 책에서 도미니크는 프랑스 혁명 당시의 자료를 읽으면서 그녀가 여성 폭력에 대해 얼마나 강한 인상을 받았는지에 대해 주의를 환기시켰다. 그러나 그녀 자신도 '여성 폭력'이란 주제가 대중에게 끼칠 영향을 줄이려고 노력한 흔적을 볼 수 있다. 우선, 폭동 진압에 관한 자료들이 경찰, 즉 남성들에 의해 쓰였으므로 그

---

10 마리-엘리자베트 핸드맨(Marie-Elisabeth Handman)은 어머니의 폭력이 기여하는 바를 상기시킨다. 《지옥인가 천국인가? 현대 그리스 사회에서의 부드러운 폭력과 폭정》에서 그녀는 여성 폭력을 바로 사회 폭력과 연결시키고 있다.

11 pp. 35~53.

들이 여성 폭력을 '과장하거나 왜곡했을' 가능성을 지적한다. 또 혁명 당시 여성 폭력은 무엇보다도 언어적인 것이었고, 여성들은 말로써 남자들의 반란을 부추겼다. 1795년 '분노의 함성', '잔인한 욕설들'로 남성이 여성들을 비난한 것 역시 '여성에게 가해진 언어적 폭력'이 아닐까? 단두대 앞에서 보인 남성들의 행동은 적에 대한 막강한 민중의 힘이라는 상징 앞에서 즐기는 "오로지 야만적인 환희와 과도한 감정의 표현일 뿐이다." "그런데 합법적 폭력(국민방위대, 혁명재판소 등)에서 배제된 여성들이 처형장에 참여하는 것은 민중의 힘을 확신할 수 있는 유일한 길이었으며, 민중의 힘을 상징적으로 함께 나누는 것과 같은 것이었다."

도미니크 고디노는 프랑스 대혁명 당시의 여성 폭력에 대해 정치적 해석을 한 것이다. 그녀는 그 당시 여성들의 잔인한 이미지에 반대하고 싶어 했다. 그러나 평론 마지막 부분에서 그녀는 일말의 후회를 느끼는 것처럼 보인다. "나는 그렇다고 해서 여성들의 난폭함을 모두 지워 버리고, 지나치게 세련되고 온화한 여성의 이미지만을 보여 주려는 의도는 없다. 혁명 당시 여성들은 '다른 사람들(남성들)과 마찬가지로' 함성을 질렀고, 적에게 죽음을 예고했고, 죽음을 보러 가기도 했으며, 공포감을 조성했다." '다른 사람들과 마찬가지로'라는 표현이 도대체 무엇을 뜻하는지 호기심이 가지만, 거기에 대해서는 더 이상 알 수가 없다.

사실 여성이 폭력을 쓴다고 생각하기가 좀 어렵다. 전투적이란 이유뿐만 아니라(폭력에는 성이 없을지도 모르지만 일반적으로 남성에 속한다고 생각하므로), 여성 자신이 자신의 것이라 내세우는 이미지를 손상시키기 때문이다. 여성 철학자 모니크 캉토 스페르베르Monoque Canto-Sperber는 팔레스타인의 한 여성이 자살 폭탄 테러를 감행했을 때 자신이 놀란 이유를 다음 네 가지라고 생각한다. "자신을 폭파시키면서 죽는 그 참상이 더 끔찍하고 참을 수 없는 것은 희생자가 여자이기 때문인가? 여태껏 여성들은 그러리라 생각도 못했는데, 자신이나 타인에 대해 똑같이 폭력을 발휘할 수 있다는 것을 보았기 때문인가? 피해자의 실제 고통에 있어서도, 남자보다는 여자가 고통을 당할 때 더 많은 동정심을 자아낼 수 있기 때문일까? 아니면, 여성은 대의명분에 도취되기에는 남성보다는 더 현실적이고 덜 광신적이라고 내가 믿고 있기 때문인가?"[12]

이 이유들 중 중 세 가지 가설은 남성과 여성 사이의 본질적 차이에 대한 확신, 즉 천성적으로 또는 문화적으로 여성은 남성이나 폭력과는 잘 어울리지 않는다는 확신에 근거하고 있다. 폭력에 대한 근래의 연구 대부분을 지배하는 것이 바로 이 가설이다. 남성 폭력이 여성 폭력에 비해 훨씬 높게 나타나는 통계 수치를 근거로 여성 폭력과 여성의 권력 남용에 대한 문제는 거론되지도 않는다. 하지만 이제 이 주제를 다룰 때가 왔다.

---

12 《리베라시옹》 2002년 2월 2일자.

여성들의 폭력

역사상 또는 일상생활에서, 여성 폭력은 가려내기가 어렵다. 존재하지 않아서가 아니다. 신문지상에서는 꾸준히 여성에 의한 폭력 행위에 대하여 말하고 있다. 단지 여성 폭력은 오랫동안 무시되었거나 과소평가되어 왔기 때문일 것이다. 나치 독일과 르완다에서 일어났던 20세기의 가장 끔찍한 두 집단 학살에 여성이 참여[13]한 것이 바로 그 경우다. 마찬가지로 신문 사회면의 다양한 폭력 사건의 주범인 여성들에 대해 반성보다 놀라움을 먼저 일으키는 것도 이런 연유에서다.

역사적 폭력

리타 탈만Rita Thalmann에게 헌정된 괄목할 만한 공동저서[14]가 출판되면서, 집단 학살에 참여한 여성들에 대한 문제가 제기되었다. 릴리안 캉델의 〈여성, 페미니즘, 나치즘: 우리는 선천적으로 선하게 태어나지 않는다. 자라면서 그렇게 되는 것이다〉라는 제목의 서평에서, 독일의 페미니스트들과 역사학자들이 거의 40년간 이 주제에 대해 직접적으로 관심을 갖지 않았다고 지적한다. 그녀는 "여성 역사학자, 여성 연구가 또는 투쟁적 페미니스트들이 (…)

---

13 아직까지도 우리는 캄보디아 집단 학살에서의 여성의 역할에 대해서는 알지 못한다.
14 《페미니즘과 나치즘》(Féminismes et Nazisme), 릴리안 캉델 감수, 1997.

이 문제에 접근하는 데 있어서는 분명한 어려움을 겪었고, (…) 더 정확히 말하자면, 이런 제목으로 이런 문제들을 다루는 데 있어 어려움"[15]을 겪었다고 강조한다. 그러나 그 중 프랑스 여성과 독일 여성 20여 명은 나치즘의 여성 피해자 또는 여성 레지스탕스의 활동에 대해서 뿐만 아니라, '능동적 또는 수동적으로, 공개적 또는 비밀리에, 지속적으로 또는 일시적으로 참여한 여성 나치 협력자들의 참여 방식과 지지 정도'[16]에 대해서도 불편하지만 용기 있는 질문을 던졌다. 간단히 말해 페미니즘의 '회색 지대'(잘 알려져 있지 않은 지대)로 들어간 것이다.

일반적으로 '나치 음모에 연루되거나 타협한 여성들은 없다'라는 지배적인 생각은 이 책에 의해 다시 재고되었다. 아리안족 페미니스트들은 그들의 친구들이었던 유대인 투사들과의 자매애를 어떻게 파괴했는가?* 독일 내에서 유대인의 수용, 약탈, 밀고 등의 다양한 상황에서 독일 여성들이 어떤 감정과 의식을 가지고 어떤 방식으로 참가했는가? 실질적으로 또는 이데올로기적으로, 유대인 학대 체제에 여성이 직접 또는 공개적으로 가담한 경우가 있는가? 달리 말해 이 책은 여성 나치 친위 대원, 히틀러 정권을 주

---

* 순수한 아리안족의 영광을 위해 유대인과 동성애자, 매춘여성, 집시들을 함께 인종캠프에 가두었다. 페미니스트들은 매춘여성에 대한 증오심을 북돋우고, 매춘여성에 대한 증오심에 정당성을 부여했다.

15 p. 13.
16 상동.

저 없이 지지했던 생물학자 아그네스 블럼Agnes Bluhm 같은 지식인들과 대학인들, 달리 말해 '열광적으로 히틀러의 사상을 수행한 여성들'[17]에 대한 것이었다. 요컨대, 이 책에 의해 '순수한 여성' 신화는 사라진다. 한때 '나치들은 남자였고 여자들은 무고하다'고 한 클라우디아 쿤츠Claudia Koonz의 생각이 잘못되었다는 것이 판명된 셈이다.

헬렌 슈버Helen Schuber의 《유대인 여성들Judasfrauen》[18]에 근거하여 여성 밀고자들을 조사한 니콜 가브리엘은 이들에게서 흥미로운 공통점이 있음을 밝히고 있다.[19] 헬렌 슈버는 이 여성들을 '애국심'과 체제에 대한 충성심으로 밀고한 여성들, 체제 유지를 위해 그리고 사적 분쟁을 유리하게 해결하기 위해 밀고한 여성들, 끝으로 타인을 해치는 데에서 성적 기쁨을 맛보기 때문에 열정적으로, 충동적으로 밀고한 여성들로 구분한다. 그리고 이 마지막 부류의 여성들은 그동안 여성들과는 어울리지 않는다고 믿고 싶었던 가학적 동기를 드러내기 때문에 특히 관심을 끈다.

국가사회주의는 특히 육체적 폭력 같은 금기들을 풀어 놓음으로써 그것을 분명히 존재하지만 잠재되어 있는 공격성을 배출하는 도구로 이용했다. 공격성이란 폭력적인 장면, 예를 들어 거리

---

17 상동. pp. 14~15.

18 1990.

19 《독재자의 맹신적 추종자, 여성들과 밀고》(Les bauches de pierre et l'oreille du tyran:des femmes et la dépilation), pp. 42~54.

에서 유리창을 깨고 사람들을 폭행하는 것 같은 실제 행위를 통해 기쁨을 느끼는 것으로 설명될 수 있다.[20]

어떤 저항도 받지 않고 죽일 수 있는 '말로써 죽이기', 밀고가 약한 남녀 모두의 무기가 된다는 것을 상기시키는 니콜 가브리엘의 담론은 당연히 가학적 충동의 해방에 대한 문제를 상기시키고 있다.

구드룬 슈바르츠Gudrun Schwarz는 여성 나치 친위 대원에 관한 연구[21]에서 독일 여성이 나치 친위 대원의 아내로서, 자식으로서, 자매로서, 나치 친위 대원으로서 또는 수용서의 간수로서 어떻게 박해와 학살 과정에 참여했는지에 대해 의문을 품었다. 결국 그녀는 수용소의 여자 간수에 관한 기록을 코블렌츠의 자료실에서 찾게 된다. 1945년 3,817명, 즉 총 요원의 10%에 해당하는 숫자이다. 이 여자 간수들은 아우슈비츠Auschwitz와 폴란드 루블린Lublin 외곽에 있는 마이다네크Majdanek 같은 여자 포로수용소와 학살 수용소에서 자신의 임무를 수행하고 있었다. 모든 수용소는 남자 나치 친위 대원에 의해 지휘되었지만 여자 간수들은 감금된 사람들에게 직접적 권한을 행사하고 있었다. 그녀들은 일상적인 학대와 고문의 책임자로서 근무 중에 총기를 소지할 권리가 있었고, 그렇게 권력을 구체화했다. 나중에 전범 재판소에서 인정한 것처

---

20 니콜 가브리엘은, 그 당시에 실제로 참여한 것이 주로 남자들이었다면 지금은 더 이상 그렇지 않다는 것을 보여 준다. 예를 들어 독일 극우파 집단에서 어린 소녀들이 저지르는 폭력 행위가 계속 더 많이 일어나고 있다는 것이다.
21 《1939~1945년의 나치 여성 친위 대원》, 상동. pp. 86~95.

럼, 그녀들은 포로들의 운명을 결정짓는 선별 작업에도 참여했었다. 아우슈비츠와 마이다네크에서 열성과 잔인함으로 공포의 대상이 되었던 이 여성 간수들은 "죽음과 박해의 제도를 직접적으로 수행했고, 말살 정책을 빈틈없이 지켜 나갔다." 그로스-로젠Gross-Rosen 강제 수용소의 한 여성 생존자는 다음과 같이 증언했다. "우리를 구타한 사람은 독일 여성이었고, 나치 친위 대원 여자 간수들은 거기에 반대하지 않았다. 그녀들은 자신들의 힘이 다할 때까지 우리를 때리고 고문했다."

구드룬 슈바르츠는 여성 폭력에 대한 자료들이 이처럼 충분히 존재하는데도 '페미니즘 연구 분야에 있어서도, 나치 친위 대원 연구 분야에 있어서도' 나치 친위 대원 여성들은 독자적 연구 대상이 되지는 않았다고 간략하게 결론짓는다.[22]

1994년 르완다 대학살에서 실제로 여성 폭력이 있었는지를 알아내기는 더 어렵다. 12만 명의 대학살 범죄자 중 여성은 3,564명이다. 이 수치는 대학살 범죄자 총수의 3.5%에 불과하고, 역사학자들이 조사를 하기에는 시기적으로 너무 이르기도 하다. 그러나 매스컴이 그들에 대해 침묵하는 것에는 어떻게 놀라지 않을 수 있겠는가? 물론 여성 잡지《엘르》의 특파원 카롤린 로랑Caroline Laurent[23]의 다섯 페이지에 걸친 기사 같은 중요한 예외도 있기는 하다.

---

22 상동, pp. 94~95.
23 《엘르》 2002년 11월 4일자, 〈여성 범죄자의 침묵〉(Le silence des criminelles)

그녀는 '투치Tutsi족의 일원들을 약탈, 밀고, 고문, 인도, 강간 선동, 살인한 죄'로 기소된 후투Hutu족 여인들을 만났다. 그녀들은 자신들의 범죄에 대해 침묵을 지키고 있었다. 그러나 투치족 생존자들이 증인으로 나서서 후투족 여성들의 범죄를 폭로했다. 그들이 벌목용 큰 칼을 휘두르고, 강간하고, 교회 안에서 집단 학살을 벌이고, 남자와 여자, 그리고 아이들까지 사냥했다는 증언이었다. 4월의 대학살로 남편을 잃은 여성들이 조직한 단체 Avega[24]의 회장에 의하면(그녀의 남편은 이웃 여성에 의해 밀고 되었고 다시 돌아오지 못했다) 후투족 여인들의 폭력은 종족 말살을 추구하는 자들에 의해 사전에 음모된 것이었고, 그녀들의 동참은 그 끔찍한 계획을 성공적으로 이끌기 위해 필수적인 것이었다. 지식인, 의사, 교수, 종교인, 가정주부, 농업자 등 여성들이 학살 음모에 가담했으며, 이들은 '여자들의 참가 없이는 그렇게 많은 희생자가 발생하지는 않았을 것'이라고 말했다. 이 같은 사실들은 생존자들의 증언을 바탕으로 작성된 〈아프리카인의 권리African Rights〉라는 보고서에서 더 분명히 확인된다. 이 보고서에는 〈보기보다는 덜 순수한 여성들이 살인자가 될 때〉라는 제목이 붙어 있다.

너무도 잔혹했던 여러 증언을 취재한 카롤린 로랑은 현재 르완다 대학살에 대해 연구 중인 세르반 이오네스쿠Serban Ionescu 교

---

24 Avega: 4월 대학살 미망인 단체의 약자(Association des veuves du génocide d'avril)

수[25]에게 여성의 야만성에 대해 질문했다. 교수는 후투족이 투치족과 싸우도록 하기 위해 대학살의 주범들이 극도의 긴장감과 공포 분위기를 조성했다는 것을 상기시킨다. 그는 여자들이 남자와 같이 동원되었고, 그렇게 함으로써 남자들처럼 '여자들도 인간성을 상실했다'고 말한다. 우리가 여성 폭력에 대해 잘 알지 못하는 이유는 '남자들만이 그런 행위를 할 수 있다고 생각하는, '여성의 이상화'와 연결되어 있는 사회적 고정관념 때문이다. 그리고 우리는 그런 행위의 참을 수 없는 이미지 때문에 이런 생각에 대해 거부감을 갖게 된다.

사실 여성 폭력의 잠재성은 존재하고 있고, 영아 살해 또는 성적 학대로 소환된 여성들의 사건에서 그 사례를 볼 수 있다. 대학살이 교묘하게 조작되었던 르완다의 경우 그런 잔혹 행위에 여성들이 대거 참여한 것은 상상하지 못할 일이 절대 아니다.'[26]

2003년은 한 유럽 여성이 여성으로서는 처음으로 반인륜적 범죄로 유죄 판결을 받은 해이다. 2월 27일 헤이그 국제사법 재판소는 보스니아의 세르비아계 전직 대통령이자 1992년부터 1995년까지 진행된 보스니아 전쟁 당시 세르비아의 인종 청소 운동에 앞장섰던 62세의 빌랴나 플라브시치Biljana Plasvic에게 징역 11년의 형을 선고했다.

---

25 파리 5대학(Université René-Descartes)의 정신병리학과 임상심리학 연구소 소장.
26 《엘르》, 2002년 11월 4일자.

일상생활에서의 폭력

특별한 사건이 일어나 예외적으로 폭력이 행사된 경우 외의 일상 생활에서도 여자들은 누군가를 죽이고, 모욕하고, 고문할 수 있다.[27] 여성들은 남편의 폭력에 방어하기 위해 또는 사랑에 실패해서만 살인하는 것이 아니라 이권 또는 사디즘 때문에 살인하기도 한다. 또한 상식적으로는 설명할 수 없는 단지 병리학적 현상으로 간주해야 할 여성 폭력들도 존재한다. 그런데 약 10년 전부터는 우리를 더욱 당황하게 하는 믿을 수 없는 현상들이 나타나기 시작했다. 10대 소녀의 폭력 증가가 바로 그것이다.

지난해에[2002년]는 아주 어린 소녀들이 저지른 사건들이 많았다. 2002년 3월, 14세의 한 소녀가 같은 학교를 다니는 또래의 두 여학생에게 거의 죽을 정도까지 고문을 당했다. 그녀는 칼로 팔목을 베이고, 목을 찔리고, 배를 난도질당했으며, 얼굴이 뭉개졌다. 5월, 오트가론Haute-Garonne의 중죄 재판소는 22세의 클레망틴Clémentine과 상드린Sandrine의 재판을 진행했다. 이들은 가공할 만한 14세 소녀의 엄격한 지휘 아래 19세의 남자 대학생을 납치하고 약탈한 후 때리고 교살을 시도한 혐의와 죽음에 이르도록 방치한 혐의로 법정에 섰다. 8월, 샤토루Châteauroux에서는 19세의 젊은 남성이 두 명의 불량소녀들에게 3주간 억류되어 구타당하고, 귀를 물어뜯기고, 코가 부러지고, 몸에 화상을 입고, 반복적으

---

27 죽이고, 모욕하고, 고문하는 여성은 남성의 약 10~15%에 해당한다.

로 강간을 당하는 등 지독한 수난을 당했다.

2002년 11월 25일은 국제적으로 지정된 '여성폭력 근절의 날'로 《리베라시옹》 신문은 짤막한 두 개의 기사를 게재했다. 루앙Rouen에서 18세에서 24세 사이의 세 여성이 버스 운전기사를 때리고, 침 뱉고, 모욕한 혐의로 징역 2개월에 집행 유예, 그리고 징역 4개월의 형을 선고받았다. 또, 비트롤Vitrolles에서는 세 명의 여성이 20세의 젊은 여자를 발로 차고, 주먹으로 때리고, 담뱃불로 지진 후 발가벗겨 놓고 다른 사람들에게 그 피해자를 보여 주기 위해 10분 동안 아파트촌의 문들을 두드리게 한 일이 있었다. 2003년 1월, 오드센Hauts-de-seine에서는 16세의 소녀가 수학 선생님의 허벅지를 칼로 찌른 일이 있었다.

1998년 잡지 《르푸엥》은 사회면 기사를 바탕으로 소녀들의 폭력에 관해 설문조사를 진행했다.[28] 10세부터 16세 사이의 소녀들은 경찰에 현행범으로 잡히기 전까지 50명의 사람들을 폭행했는데, 그중에는 노부인, 자기와 동갑인 다른 소녀들 그리고 한창인 나이의 건장한 남성도 있었다. 사람들은 이에 대해 '야만성'과 '잔혹성'을 말한다. 그러나 소피 쿠아냐르Sophie Coignard에 따르면 "10대 소녀들이 저지르는 도시에서의 폭력은 현장에서 근무하는 사람들에게는 매우 자주 눈에 띄는 현상임에도 매스컴에 보도되지 않는다. (…) 1997년 7월 프랑스 정보국의 보고서에는 10대

---

28 소피 쿠아냐르(Sophie Coignard)의 기사, 1998년 9월 19일자, No. 1357.

소녀들의 폭행이 점점 증가하고 있으며, 그녀들은 같은 나이의 소년들과 유사한 동기 즉, 명예를 지키기 위해, 옷을 훔치기 위해, 사랑의 경쟁 상대를 물리치기 위해, 다른 소녀들을 갈취하기 위해 폭력을 행사한다고 밝히고 있다.

마르세유Marseille 경시청에 따르면 이 수치는 1997년 1.78%, 1998년 2.43%의 증가율을 보이고 있다. 전문가들은 이 수치가 소년들의 비행에 비해 터무니없이 낮게 과소평가된 것이라고 본다. 한편 국내 안전보장연구소 소장 필리프 멜키오르Philippe Melchior는 "동일한 범죄일지라도 소녀 범죄는 소년 범죄에 비해 형사처벌 대상이 되는 경우가 적다"고 밝혔다. 그는 10대 소녀들의 심각한 폭력은 전문가들마저도 '당황하고 믿지 못하게'[29] 만들고 있다고 지적한다. 파리 정치대학교Science-Po와 소르본Sorbonne 대학의 교수이자 도시 정책 전문가인 소피 보디 장드로Sophie Body-Gendrot는 그것이 우리들의 오래된 선입관 때문이라고 설명한다. '어린이의 순수한 이미지 때문에, 어린이가 지독히 폭력적일 수도 있다는 것을 우리가 인정하는 데 많은 시간이 걸린 것'[30] 과 같은 현상이라는 것이다.

2000년 캐나다에서도 같은 이론이 나왔다. 최근 10년간의 캐나다 통계 자료는 젊은 여성에 의한 폭력의 증가를 보여 주고 있

---

29 상동.
30 상동.

다. 청소년 범죄의 대부분이 소년 범죄일지라도(소녀 범죄는 3분의 1에 해당), 같은 기간 소년 범죄율이 65% 증가한 데 반해 소녀 범죄는 127%의 증가율[31]을 기록했다. 미국과 영국에서도 같은 사실이 입증되었다. 캐나다 보고서에 따르면 소년과 소녀 범죄에 있어 폭력 형태는 다르지만 이를 유발하는 위험 요인은 비슷하다. 가정 폭력 및 폭력의 경험, 학습상의 어려움, 정신 건강상의 문제, 자신감의 결여 등이 그것이다. 더욱이 이 보고서는 다음과 같은 점을 강조한다. "소녀들이 공격적이고 폭력적인 행동을 하는 데 있어 소년들과 다른 특별한 이유가 있는 것은 전혀 아니다. 그리고 소년이 소녀에 비해 필연적으로 더 폭력적이거나 더 공격적인 성향을 가지고 있다고도 말할 수 없다. 성별보다는 문화와 주위 환경이 청소년 범죄 지수와 더 밀접한 관련성이 있는 것 같다."[32]

그러나 '소녀와 폭력'에 대해 사람들은 다음과 같은 이유를 갖다 대기도 한다. "일부 구역에서는 소년들이 난폭한 남성 우월주의에 물들어 힘에 의한 계급 사회를 형성하고 있으므로, 소녀들로서는 소년들의 힘에 대항하기 위해 공격적인 방법을 택해야만 한다." 유럽의 학내 폭력 관측소 소장 에릭 드바르디외Eric Debardieux

---

31 캐나다 정부 해당 관청에 제출된 캐나다 청소년 재단(인터넷) 2000년 4월 보고서: 《청소년 폭력》, A. 레시트(A. Leschied)와 A. 커밍스(A. Cummings) 공동 작성. http://www.sgc.gc.ca. 〈범죄 통계〉, in The Daily, Ottawa, Statistics Canada, 1998년 7월 22일.
32 캐나다 청소년 재단에 의해 강조된 사실.

도, "여성의 마초주의적 행위는 남성 지배에 저항하기 위한 여러 방법 중 하나임에 틀림없다"[33]고 말했다. 사실 소녀들이 자기 자신을 두려운 존재로 만들지 않고서 어떻게 조무래기 왕초들(소년들)의 일상적 폭력에 대항하여 스스로를 방어할 수 있겠는가?

그러나 모든 여성 범죄가 소년들의 폭력에 맞서기 위해 반사적으로 일어난 것은 아니다. 소녀들은 주로 성인 여자와 자기 또래의 여자들을 공격한다. 필립 멜시오르Philippe Melchior와 같은 이 방면의 전문가들은 그것이 일종의 구속에서 벗어나는 방법이라고 본다. "폭력성에 있어서 소녀들이 소년들과 똑같이 되어 가는 것은 어떻게 보면 정상적인 것이다. 소녀 폭력이 특히 그녀들에게 유일한 양성평등 장소인 학교에서 나타나는 것을 보면, 소녀들이 소년들과 동등해지려고 한다는 이론은 타당해 보인다. 남학생들처럼 여학생들이 커터를 사용하고, 친구들에게 공갈 협박을 하고, 선생님들을 공격한다. 현대 사회의 특성들이 만들어 낸 '새로운 위상'에 도달하는 것이다."[34]

소녀들이 남성 지배 모델을 그대로 따라 한다는 것은 사회가 그만큼이나 남성 지배 모델에 물들어 있다는 것을 입증해 준다고 말하는 이들도 있다. 만일 그렇다면 청소년 폭력이 대체로 사회적, 문화적으로 아주 열악한 지역에서만 집중적으로 나타나는 이유는

---

33 《르몽드》, 2002년 3월 21일자.
34 《르푸엥》, 상기 인용.

무엇인가? 결정적으로, 종종 정신적 결핍을 수반한 폭력을 낳는 모든 불만의 첫 번째 원인은 오히려 이런 열악한 환경이다. 경제적 성공과 개인적 성공만을 강요하는 사회에서 소년들의 불만은 소녀들의 불만보다 더 크게 나타나며, 성 평등을 주장하는 사회에서 소녀들의 불만 역시 점점 더 높아질 것이다. 그러므로 소녀들의 폭력은 사회적 불만과 성차별에 대한 불만, 이 두 가지 압박에 의해 더욱 증가될 것이 분명하다.

부부 폭력

우리는 주로 남성에 의한 부부 폭력을 보아 왔다. 그래서 유럽의회 보고서에서 남성이 가정 폭력의 피해자가 될 수 있다는 점을 지적했을 때 놀라움을 금치 못했다. 독일 정부의 통계 자료에 의하면 가정 폭력 사례 중 5~10%는 아내가 남편을 구타한 경우이다. 이런 이유로 베를린 시청은 구타당한 남편들을 위한 보호소를 열어야만 했었다.

마치 프랑스에는 이런 사례가 없는 것처럼, 우리는 외국의 사례를 여기저기서 발췌하고 있다.[35] 프랑스의 앙베프 설문조사 기관은 여성에게 가해진 폭력만을 조사했지, 동일한 질문을 남성에게

---

35 〈남편에게 행해진 폭력: 연구와 전망에 대한 전반적 시각〉, 1999, Santé Canada (캐나다 보건부), http://www.hc-sc.com/nc-cn

도 해야 한다는 생각은 하지 못했다. 질문이 없었으니 당연히 그 결과도 없었다. 따라서 '아내가 남편에게 휘두르는 폭력'에 대한 침묵은 '학대받는 남성'의 고소를 더욱 어렵게 만들었다. 사람들은 '학대받는 남성'이란 표현 자체에도 놀라거나 대체로 믿지 못하며 비웃기까지 한다. 여성의 경우, 여성이 당한 학대에 대해 인식시키기 위한 오랜 투쟁 끝에 이제야 비로소 전문 단체들과 경찰들이 여성의 이야기에 귀를 기울이게 되었다. 그러나 남성을 위해서는 아직 아무런 조치도 취해지지 않고 있다.

아마도 한편으로는 남성들이 받는 고통이 여성들이 받는 고통에 비해 너무나 대수롭지 않기 때문일 수도 있다. 근래의 통계를 보아도 부부 폭력에 의한 후유증으로 사망한 남자는 하나도 없다고 한다. 다른 한편으로는 '구타당한 남편'이라는 표현이 무엇보다도(힘을 지닌 남자가 구타당한다는 점에서) 역설적이기 때문일 수도 있다. 페미니스트적 사고방식을 갖고 있는 사람들뿐만아니라 대다수 사람들의 무의식에서 남자는 약한 사람들을 공격하거나 보호하는 데 자신들의 힘을 사용한다. 사람들이 여자들을 학대나 폭력을 가하는 사람으로 보지 않는 것처럼, 남자들을 결코 폭력의 피해자로 보지 않는다.

단순히 고발 사례가 적어서 학대당하는 남자들에 대해 믿지 못하는 것은 아니다. 우리가 이미 고찰한 바와 같이, 자신의 폭군으로부터 피할 수 있는데도 피하지 않는 여성의 경우[36]와 유사하다고 할 수 있다. 통계적으로 남성은 여성보다 훨씬 힘이 세고, 아내의 폭력을 저지할 수 있다고 생각되기 때문이다. 만일 남성들이 여성들의 폭력을 저지하지 않는다면, 비겁하거나 마조히즘에 굴복했기 때문이다. 따라서 대중의 동정은 얻지 못하게 된다.

그런데 부부 폭력의 동기 자체는 우리가 쉽게 생각하는 것만큼 그렇게 간단하지 않다. 다음의 구타당한 세 남자의 인터뷰는[37] 그들과 같은 환경에 있는 수많은 여성들(남성에게 구타당한 여성들)의 상황과 공통점이 있다. 구타를 당한다는 것은 남녀를 불문하고 한 인간을 파괴시키는 모욕이다. 그것은 구타를 인정하는 데 따르는 수치심, 다른 사람에게 사실을 말할 수 없는 데서 오는 수치심, 따라서 모든 것을 숨기고 그냥 방치하고 마는 수치심에 다름 아니다. 40살의 에르베Hervé는 4년간 이 지독한 수난을 겪었다. 발길질, 주먹질, 무릎으로 차이기 등. 그는 눈이 시커멓게 멍들거나 이마가 찢어진 상태로 직장에 출근하곤 했다. 그러나 그는 자신의 어린 딸이 장난감을 가지고 놀다가 상처를 입혔다고 했다.

33살의 크리스티앙Christian은 폭력이 매일 일어났다고 말한다.

---

36 피해자가 집에서 떠나지 않고 가해자가 집에서 떠나도록 비상 조치를 만든 N. 아멜린 (N. Ameline, 양성평등을 위한 행정 부서에서 장관 대리직을 맡음)의 노력에 대해 감사해야 한다.

37 TF1 TV, 2002년 12월 8일 토요일 오후 1시 25분, 탐방(Magazine Reportage) 〈구타당하는 남성, 멍든 수치심〉, 산드린 뤼치니(Sandrine Lucchini)와 악셀 샤를-메상스(Axel Charles-Messance) 제작.

말 한마디 실수 또는 질문을 하기가 무섭게 아내가 자신의 따귀를 때렸다고 한다. 여러 차례 아내가 다리미 또는 망치를 들고 자신을 위협했으며, 잠자는 동안 아내가 자신을 칼로 찔러 죽일까 봐 무서워서 잠을 이루지 못하는 지경에까지 이르렀다고 한다. 그러던 어느 날, 아내가 너무 심하게 대하자 그도 과격하게 대항을 했다. 그러자 아내는 자신을 구타 혐의로 고발했다고 한다. "솔직히 나는 남자로서, 고발할 생각은 하지도 못했다"고 그는 말했다.

구타당하는 여자들의 경우와 마찬가지로, 이 남자들도 자신의 상황이 점차 나아질 것이라고 오랫동안 기대했던 것으로 보인다. 많은 여성들처럼 그들도 자신의 가해자에게 애정을 품고 있었다. 그러나 여성들과는 반대로, 이 남성들은 좀처럼 사용하지는 않지만 자신을 보호할 수 있는 물리적 힘이 있다.

앙베프의 조사에 따르면 남편으로부터 육체적 가해를 받는 여성은 약 2.5%에 달한다고 한다. 침묵으로 일관하는 구타당하는 남자[38]에 관해서는 통계를 내기가 어려운 일이지만, 모두가 알고는 있어야 할 것이다. 여성에게 폭행당한 남성 피해자 통계 수치를 가지고, 여성을 폭행한 남성의 죄를 면제해 주기 위한 것이 아니다. 부부 폭력에 관한 한 남자와 여자는 굳이 두 개의 다른 범주로 분리해야 할 만큼 다르지 않기 때문이다. 성별을 따지기도 전

---

38 여성 배우자에게 구타당하는 남편과 애인들은 전형적인 남성상에 갇혀 고발할 엄두를 내지 못한다.

에 여하튼 폭력적인 사람(남자들이 훨씬 많지만)은 부적응 현상을 드러내는 사람이며, 일종의 병적 현상으로 인해 적의를 드러내는 사람으로 보는 이들도 있다. 심각한 정신적 결핍으로 고통 받는 사람이 술과 마약으로 그 상태가 더 악화되면, 병리학적으로 큰 문제가 없어 보여도 결코 정상적으로 행동할 수 없다.

남성, 여성 모두 이 병에 걸리기 쉽다. 왜냐하면 폭력은 인간의 속성이기 때문이다. 우리는 이 폭력을 길들이는 방법을 어느 정도는 배우고 있지만, 언제 어디서나 불만과 갈등이 있는 한 폭력을 억제하는 것은 어려운 일이다. 폭력은 [비교적] 좋게는 말로, 나쁘게는 행동으로, 우리의 통제를 쉽게 벗어난다.

그러나 프랑스 대부분의 남녀는 함께 살고 있으며, 문명인답게 헤어진다. 고통이나 갈등이 없는 건 아니지만, 폭력 없이 헤어진다는 뜻이다. '갈등을 조절할 수 있다'는 사실이 문명화된 인간의 고유한 특성이라고 한다면, 한편으로는 갈등을 조절할 수 있기 때문에 폭력이 근절될 수 있다는 위험한 유토피아적 사상을 갖게 할 수도 있다. (동성 또는 이성이) 함께 하는 삶은 심리적 억압이나 긴장을 피할 수 없다. 경우에 따라서는 그것을 침묵 속에 묻어 두거나 분노를 자아낼 수도 있는 극도의 위험을 무릅쓰고서라도 말로 표현해야 할 때도 있다. 그러나 언어폭력을 육체적 폭력과 동일시하면서 폭력을 근절해야 한다고 주장하는 것은 오산이다. 누가 뭐래도 말로 인한 상처는 육체에 가해진 상처와는 다른 성질의 것이다. 그것은 물리적 폭력을 피할 수 없는, 남녀 모두 똑같이 사용할 수 있는 무기이다.

언어폭력이 부당하다고 하면서 침묵을 강요하는 것은 결국 분노의 표현을 금지하는 것이다. 물론 야만적인 의미의 언어 표현을 쓰지 않을 정도로 온화하고 절제된 인류를 꿈꿔 볼 수도 있다. 그러나 그렇게 되기 전까지는 말싸움, 욕설 등을 하면서 기다리는 것이 대부분의 경우 갈등을 종결짓고, 긴장을 완화하는 가장 좋은 방법이다. 그렇게 하면서 극복해 내거나 또는 그것이 극복할 수 없는 것이라는 사실을 깨달을 수 있기 때문이다.

권력 남용

이 표현은 전통적으로 남성에게 적용되어 왔다. 육체적 힘은 말할 것도 없이 경제적, 정치적, 도덕적, 종교적인 모든 힘을 장악한 남성은 이 권력을 자주 사용하고 남용했으며, 난폭하게 그 힘을 행사하기까지 했다. 정치적으로 민주주의와 평등 개념을 창안했지만, 이는 권력 남용을 완전히 근절하기보다는 제한하기 위해서였다. 부부 또는 동거 남녀의 경우, 이 권력 분담은 훨씬 더 예민한 문제가 된다. 왜냐하면 무엇보다도 민주주의란 사랑과 상대방에 대한 존중이라는 개념을 토대로 세워지기 때문이다.

그럼에도 50년 사이에 서양 부부들은 많은 발전을 했다. 여성이 대대적으로 직장 생활에 참여하면서부터 어머니 세대에서는 몰랐던 독립의 수단을 갖게 된 것이다. 비록 이 독립성이 경제적으로 가장 열악한 여성에게는 아주 상대적인 의미밖에는 될 수 없지만, 여하튼 직업은 남성에게뿐만이 아니라 여성에게도 필수적인 것이 되었다. 즉 직업을 가진 여자가 남자 없이 생존할 수 있게 되자, 여자는 별거 또는 이혼이라는 원자폭탄도 가질 수 있게 된 것이다.

그렇다고 해도 경제적 독립이 권력에 대한 모든 문제를 해결할 수는 없다. 극복하기가 아주 어려울지도 모르는 미묘하고 더 비밀스러운 '의존 관계'가 있다. 예를 들어 성적, 애정적 또는 심리적 의존이다. 이런 경우, 둘 중 하나가 지배권을 갖게 되고, 별 거부감 없이 자신의 방식과 자신의 일시적 기분을 강요할 수 있다고 생각한다. 그러나 일반적으로 생각하는 바와는 달리 이러한 '정신적 권력'은 남자들만 갖고 있는 본질도 아니며, 더욱이 남자들만 이 권력을 남용하는 것도 아니다. 부부에 따라 여자 또는 남자가 지배하는 것이고, 남자 또는 여자가 의존적이 되는 것이다.

만일 육체적 폭력 외에 애정을 빙자한 협박, 욕설, 정신적 억압까지 부부 폭력에 포함시킨다면, 여성에게 설문지를 돌렸던 것처럼 20세부터 59세의 프랑스 남성들 표본 7,000명에게도 당연히 앙베프의 설문지를 돌려서 남성들이 어느 정도 폭력을 당하고 있는지 알아보아야 한다.[39] 그렇게 해야 통계가 공평해질 뿐 아니라

---

39 제1장의 앙베프 설문조사(남자들에 의해 여자들이 받고 있는 각종 성적 억압에 대한 설문조사) 참조.

부부 폭력에 대한 새로운 개념이 생길 것이고, 남성과 여성에 대한 더욱 올바른 개념이 나올 것이다. 남자들만이 질투하고, 버릇없고, 폭군적이라는 것은 비상식적이므로, 그런 생각에 제동을 거는 것이 시급하다.

마지막으로 우리가 아주 조심스럽게 다뤄야 하는 권력 남용의 또 다른 예가 있다. 30년 전부터 여성들은 임신·출산의 권리를 독점하고 있다. 여성이 결정적으로 임신 여부를 결정한다고 보는 것이 당연한 듯하지만, 만일 남자가 아이의 출산을 원하지 않는 경우 이는 남자의 정액을 이용하는 '권력 남용'이라고 할 수 있다. 무관심해서, 혹은 여자의 생각에 동조하지 않아서, 한 남자가 아이를 낳지 않을 수 있게 된 것은 상당한 진보라고 할 수 있다. 그러나 만일 남성이 원하지 않는다고 분명히 밝혔는데도, 여성이 자신의 의지에 의해 출산한 후 남성에게 부성애를 강요하는 것은 '정신적 침해'라고 할 수 있다.

이러한 여성의 권력 남용에 대해 조사하거나 통계를 낸 적은 전혀 없다. 사람들은 출산 여부를 결정할 때 속마음을 감추거나 조용히 마주 앉아 의논하거나 쌍방 모두 거부하는 행태를 보인다. 어떤 사람들은 이것이 5000년간 여성의 자궁에 행사된 남성의 절대적 권력에 대한 보복이라고 생각할지도 모른다. 또 다른 사람들은 이런 불편함(남자의 동의 없이 여자가 출산하고 남자에게 부성애를 요구하는 것)을 없애기 위해서는 남성도 피임을 하면 된다고 할지도 모른다. 또는 여자가 남자에게 아무것도 요구하지 않는다면 얼마든지 혼자 출산하고 아이를 기를 권리가 있는 것 아니냐고 말할 수도 있다. 그러나 지금 이 시대에는 자신이 원하든 원하지 않든 일단 아버지가 되면 아버지로서의 의무를 강요당하기 때문에, 남성의 의지를 무시하고 여성 스스로 출산하는 것은 모순된 행동으로 보인다.

페미니스트들이 여성에게 가해진 남성 폭력을 공권력에 고발하는 것은 그녀들의 의무이자 명예이다. 그간 무시되었거나 잘 알려지지 않은 행위들을 밝혀내는 것은 사회과학자들의 임무이다. 그런데 남성에게 가해지는 여성 폭력에 대해서 생략하거나 침묵한다면, 이것은 결코 공평하지 않다. 여성 폭력의 존재를 인정한다고 해서 남성 폭력의 심각함을 감소시키는 것은 절대 아니며, 남성 폭력을 저지해야 한다는 생각이나 여성 피해자를 도와야 하겠다는 생각이 줄어드는 것도 아니다. 하지만 자연적으로 형성된 만큼이나 교육에 의해서도 형성된 우리의 약점들을 더 잘 극복하기 위해서는 악마로 상징된 남성에 저항하는 천사 같은 여성의 이미지로부터 벗어나야만 한다.

여성의 폭력과 권력 남용을 조직적으로 무시하고[?] 여성이 남성으로부터 억압을 받기 때문에 순수하다는 주장을 너무도 많이

---

40 이혼 시 아이 양육권을 빼앗기 위해 아이를 시켜 아버지가 성적으로 추행했다고 말하게 만드는 어머니들의 예. 또는, 다른 여성들에게 직접 폭력을 가하는 여성 포주들의 예. 우크라이나 여자 인신매매의 주범이 40대 부르주아 귀부인이었음을 폭로했던 앙텐느(Antenne) 2TV의 〈특파원〉(Envoyé spécial) 프로그램을 참조.

한 나머지 우리는 실상과는 전혀 맞지 않는, 두 개로 나뉜 공허한 인간상을 그리게 되었다. 한쪽에는 남성적 억압의 희생자(여성), 다른 한쪽에는 절대권을 행사하는 가해자(남성)를 그리게 된 것이다. 이런 상황에 맞서 점점 더 많은 페미니스트들이 악의 근원인 남자의 성을 공격하고 있다. 그러면서 이들은 (인간적) 품성을 개선시키는 쪽으로 나아가기보다 여성적 특성을 강조함으로써 지금까지 등한시되었다고 생각한 여성적 본질을 재정의하고 있다.

CHAPTER III

모순

오늘날, 섹스에 대한 두 가지 모순된 강박 관념이 점점 더 우리를 옥죄고 있다. 한쪽에서는 자신의 능력을 마음껏 펼친 데서 오는 '행복'이라는 의미를 남용하며 성적 유희를 즐겨야 할 의무가 있다고 장광설을 늘어놓는가 하면, 다른 한쪽에서는 원하지 않은 성적 침해에 의해 우롱당해 온 여성의 존엄성을 회복하고, 침해의 범위를 확대 적용해 나가야 한다고 주장한다. 그 결과, 한편으로는 1970년대부터 성적으로 문란해지고 도덕적 한계선이 점차 무너졌으며, 다른 한편으로는 신성한 성에 대한 모독이라는 개념이 다시 등장하게 된다. 소비용 또는 성스러운 것으로서, 유희적 행위 또는 존엄성의 표지로서, 희롱 또는 폭력으로서, 섹스는 그렇게 철저히 상반되는 두 가지 담론으로 이야기되며 새로운 도덕적 페미니즘의 매우 민감한 쟁점이 되었다.

　페미니즘의 두 번째 조류는 성[性]을 성[聖]스러운 것으로 되돌려 놓았다는 점에서 이전의 절대자유주의 페미니즘과 비교해 볼 때 근본적인 변화를 보인다. 절대자유주의 페미니스트들은 68학생혁명* 당시의 주장과 의기투합하면서, 남성이 여성의 성을 지배하는 가부장 사회의 버팀목을 폭파해야 한다고 큰소리로 외쳤다. 피임과 낙태의 권리를 얻기 위한 대규모 투쟁은 새로운 성 해방을 위한 투쟁이었고, 또한 임신과 출산에 있어서의 권리를 얻기 위한 투쟁이었다. '내가 원해야만, 내가 원할 때에만 어머니가 된다'는 말은 '구속받지 않고 섹스를 즐기겠다'와 같은 의미이기도 했다. 초기 페미니스트들의 이러한 행동들은 여성 해방에 많은 공헌을 했지만 성의 개방에도 기여를 한 셈이었다.

　이와 같은 새로운 성적 자유를 얻자마자, 대서양 반대쪽에서부터 거센 비난의 소리가 들려왔다. 급진적 레즈비언 페미니스트들은 이러한 성의 개방은 남성에게 유리하게 작용하며 여성을 희생시킨다며 강도 높게 비난했다. 절대자유주의 페미니스트들은 남성의 구속에서 해방되었다고 믿겠지만, 오히려 더욱더 구속을 강화시킬 수 있다는 것이다. 이제는 아예 여자들이 일회용품 역할을 하게 되면서 여성의 굴종이 최고조에 이르게 되었다는 것이다. 당

---

* 1968년 5월 2일 반정부 데모가 끊이지 않았던 낭테르 대학 폐쇄가 발단이 되어 일어난 학생 혁명. 소르본 대학 등 전국의 대학생들이 이에 항의해 시위를 벌이자 정부는 과격한 무력진압으로 대응해 국민의 반발을 불러일으켰다. 시위는 노동계층으로 급격히 확산된 후 경제, 사회, 문화, 예술 등 사회 모든 계층으로 번져 프랑스 전체를 마비시키는 위기 상황을 가져오고 드골 정권이 무너지는 결과를 낳았다. 주요 슬로건은 '자유'였다.

연히 남성과 여성의 성의 본질에 대한 질문이 제기되었다. 남성의 성[性] 본질은 자유분방하고, 폭력적이고, 정복적이고, 여성의 성 본질은 더 부드럽고, 섬세하며, 상대방에게 충실하다고 보았다. 남성과 여성의 차이는 극복할 수 없다고 결론짓는 이들도 있었다. 그보다 더 많은 이들은 성의 개방이 남성의 폭력성을 극도로 자극하기 때문에 개방에 제동을 걸어야 한다고 주장하고 나섰다.

점차 사람들의 뇌리 속에 여성의 성[性]은 성역[聖域]이며 여성의 성 본질도 오로지 한 가지 유형뿐이라는 생각이 자리잡게 되었다. 섹스에 별도의 의미를 부여하지 않는 소위 '성의 구속에서 해방된 여성'들은 이런 원칙에서 예외였다. 그녀들은 남성화된 여자, 즉 정신적 문제가 있는 여자, 자칭 자유인이라고 하지만 이론의 여지없이 매춘부로서, 가장 불행한 여성으로 간주되었다. 스트립 댄서, 포르노 영화배우, 돈과 권력을 가진 늙은 남자에게 기생하는 젊은 여자 그리고 이와는 또 다르게 상품을 팔기 위한 성적 대상으로 전락한 모델들처럼 그녀들은 여성의 육체와 이미지를 손상시키는 데 기여했으며, 극악한 마피아 포주의 피해자인 동시에 노예로 전락한 여성 자매들을 배반한 이들로 치부되었다. 소비된 성[性]에 대한 비판에 이어, 성의 상업화에 대한 비판이 이어졌다. 순식간에 이 페미니즘의 어투는 오래된 유대 · 기독교의 권선징악적 어투를 닮아갔고, 그렇게도 힘들여 없애려 했던 성에 대한 상투적 개념을 되살려내는 데 성공했다.

이들은 자신의 성적 쾌락만을 생각하는 약탈자 남성과 사랑만을 추구하는 피해자 여성을 대립시킨다. 지배자 수컷에 의해 잔뜩 겁을 집어먹은 여성은 감히 거부하지도, 'No'라고도 말하지 못한다. 그럼에도 여성에게 있어서 성욕은 여성의 완전무결함과 존엄성을 잃게 할 위험이 된다고 끊임없이 경고하고 있다. 그런데 'Yes'라고 말하고 남성을 많이 정복했노라고 자랑하는 여성에 대해서는 아무 말도 하지 못하는 것은 흥미로운 현상이다. 이들은 요조숙녀처럼 군다고 할까봐, 카트린 미예Catherine Millet의 자서전[1]에 대해서도 아무런 논평도 내지 않지만, 영화《베즈 무아Baise-moi》의 18세 미만 관람불가에 대해서는 쉬엔느 드 가르드Chienne de garde* 회원들처럼 거리로 뛰쳐나가 격렬히 항의했다. 사실 이 영화는 남성들에게 성폭행당한 두 여성이 복수심에 불타 길에서 만나는 모든 남자를 살해하며 도망 다니는 범죄이야기이다. 바뀐 역할을 통해 남성들에게 자신들의 폭력이 얼마나 끔찍한가를 보여주는 것이 잘못된 일은 아니었을 것이다. 처음으로 남자들이 희생자의 위치에 놓이면서, 여성의 기질을 온화하게 보아 온 전통에 손상을 입히기는 했지만, 영화의 교육적 효과는 상당했다. 가학증에 사로잡힌 두 여성은 단지 전형적인 복수형 인물이거나, 자신들이 당한 끔찍한 수모 때문에 미쳐 버린 인물을 그린 것으로

---

* '집 지키는 암캐'라는 뜻의 이름을 가진 여성 권익보호단체.

1 《카트린 M의 성생활》(La Vie sexuelle de Catherine M.), 2001년. 쉽사리 상상할 수 없는 수많은 성생활과 다양한 변태적 성관계에 대한 자서전.

볼 수도 있었다.[?]

그래도 어떤 유형의 페미니즘이건 간에, 폭력에 대해 폭력으로 대응하라고 권유하는 것은 있을 수 없는 일이다. 페미니즘이 선택하는 투쟁 양상은 언제나 민주적이고 적법하며 세 단계를 거쳐 진행된다. 즉 여성에게 가해진 폭력에 대해 윤리의식을 가지고, 그에 따른 불이익을 주고, 그래도 안 되면 법에 호소하는 것이다. 우선 관념에 대한 투쟁이 가장 중요하다고 해도 과언이 아니다. 오늘날 성범죄 처벌 범위를 매춘과 포르노 사업에까지 확대시키기 위해 투쟁하는 전통적인 페미니스트들은 여성의 존엄성이 훼손되었다는 생각에 빠져, 가장 보수적인 도덕주의와 결합하는 것마저도 주저하지 않는다. 이들의 공공연한 적은 무정부주의적인 극단적 자유자본주의에서 나온 추악한 소비사회이며, 무제한의 자유를 요구하는 자유지상주의 페미니즘 또한 이들의 눈 먼 공범으로 비난된다. 현재 행해지는 페미니즘 투쟁의 목적은 근본적인 것이다. 남성과 여성의 관계와 그들 상호 간의 자유에 대해 그야말로 다시 명확하게 규명하려는 것이다.

---

2 2000년 6월 22일~28일 자 《누벨 옵세르바퇴르》(Nouvel Observateur) 잡지 인터뷰에서 비르지니 데팡트(Virginie Despentes)는 "여자들도(남자들에게?) 가해자가 되는 때가 왔다. 가장 극단적인 폭력 사용도 포함해서"라고 단도직입적으로 말했다.

성의 실태

오늘날 성[性]의 이미지는 어디에서나 볼 수 있다. 극장, TV, 광고, 잡지, 문학 또는 사적인 대화에까지 노골적으로 제시되는 성의 이미지는 그 누구도, 심지어 어린아이들도 보지 않을 수 없을 정도로 도처에 깔려있다. 자비에 들뢰Xavier Deleu의 말 그대로, 수없이 쏟아지는 에로틱한 기호[3]로 공공장소에도 민망스러운 성적 표현이 넘쳐난다. 이와 같이 성의 이미지가 판치는 이유는 2000년간의 집단적 억압과 개인적 불만을 종식시키기 위해서라는 것이다. 금기의 제거는 오늘날 농담 삼아 하는 구호가 아니다. 《성의 신체제》[4]에 대해 조금이라도 거부감을 보이는 사람은 고지식한 사람, 촌스런 사람 또는 검열 위원 같은 냉혹한 사람으로 비난받는다. 이미 몇몇 사람들[5]이 제대로 주지시켰던 이 새로운 억압 체제를 비판하자는 것이 아니다. 다만 현재 나타나고 있는 성의 실태와 새로운 페미니즘 윤리 사이에 벌어진 틈에 대해 어느 정도 파악해 보자는 것이다.

---

3 《포르노의 교감》(Le Consensus pronographique), 2002, p. 8.
4 크리스티앙 오티에르(Christian Authier)의 책 제목 《성의 신체제》(Nouvel ordre sexuel), 2002.
5 특히 다음과 같은 사람들, 장-클로드 기유보(Jean-Claude Guillebeau), 알렝 핑 킬크로(Alain Finkielkraut), 파스칼 브루크너(Pascal Bruckner), 크리스티앙 오티에르, 도미니크 폴세드(Dominique Folschieid)

원칙의 종말

미셸 보종Michel Bozon은 누벨기니 바루야족과 카빌레스족의 전통사회에서 남성이 지배하고 있는 성 체제를 설명하면서 다음과 같은 한 문장으로 요약했다. "남자는 명령을 내리고, 여자에게 올라탄다."[6] 지금 우리는 이런 섹스 방식에 비해 전보다 계몽된 시대에 살고 있다고 말하려는 것은 아니다. 위아래가 뒤바뀐 방식은 현대 영화라면 반드시 따라야 하는 섹스 모델이기도 했다. 그러나 원칙의 종말은 이 정도에서 끝나지 않는다. 최근의 자전적 문학 작품, 섹스에 대한 설문 조사, 그리고 소수에서 이루어지는 이런 저런 성행위에 대한 연구 작업은 다양하고 자유분방한 새로운 유형의 섹스에 대해 보고하고 있다. 이런 새로운 유형의 섹스를 해갈되고 해방된 성이라고 보는 이들도 있고, 사랑도 인간미도 없다고 보는 이들도 있으며, 모든 폭력과 야만성을 되살아나게 한다고 보는 이들도 있다.

최근 몇 년 사이의 여성 문학을 읽어보면[7], 10대 소녀들은 구세대가 아연실색할 만큼 너무나 쉽게 섹스에 응한다. 호기심인지, 욕망인지, 자신감인지, 도발인지 또는 성 해방주의에 대한 순응인

---

6 〈성과 젠더〉(Sexualité et genre), 《남성-여성: 인류학에 관한 질문》(Masculin-Feminin: question pour les sciences de l'homme), J. 로퍼(J. Laufer), C.메리(C. Marry), M. 마라우니(M. Maruani), 2001, p. 171.

7 크리스티앙 오티에르, 상기인용, 1장, 〈알리스, 클레르, 비르지니 그리고 다른 여자들〉(Alice, Claire, Virginie et les autres)

지, 무엇이 그들을 이런 충동으로 이끄는지는 알 수 없다. 그러나 한 가지 확실한 것은 18세까지 숫처녀로 남아있다는 사실이 10대 소녀에게는 만족감보다는 불안감을 준다는 것이다. 그녀들은 자신에게 정신적 문제가 있는 것은 아닌지 의심하게 되고 따라서 적절한 치료방법을 찾는다. 정신과 의사에게 진찰을 받거나 단순히 처녀성을 없애기 위해 욕망 없는 '첫 경험'을 치른다. 일단 첫 발을 내디딘 후에는, 섹스 탐험가가 되든지, 강렬한 자극에 목말라하든지, 여러 행위를 시도해보거나 선택할 수 있다. 남녀 모두에게, 바보같이 또는 순진하게 살다가 죽지 않겠다는 생각이 점점 더 공통된 강박관념이 되어버렸다.

프랑스인의 성[性]에 대해 10년 간격으로 두 번 행한 설문 조사에 의하면, 성행위 방식이 변했으며 예전의 원칙들이 없어졌다는 것을 알 수 있다. 첫 번째 설문 조사는 양적조사로서 1991~1992년, 2만 명의 표본 조사 대상자에게 전화로 진행되었다.[8] 1972년의 시몽 교수의 설문 조사와 비교하여 변한 것이 있다면, 구강성교가 전반적으로 확산된 것(90%)으로 나타났으며, 여성이 20년 전에 비해 자위행위를 더 많이 하고, 24%의 여성이 항문 성교를 경험했으며(이성애 남성의 경우 30%[9]), 남성과 여성의 3%만이

---

8 《프랑스 내의 성행위》(Les Comportements sexuels en France), 프랑스 문헌 자료(La Documentation française), 알프레드 스피라(Alfred Spira), 나탈리 바조(Nathalie Bajos) 감수, 1993.

9 시몽 교수의 보고서는 20세부터 49세 사이의 성인 중 24%의 남자, 16%의 여자가 적어도 한 번 이상은 항문 성교 경험이 있다고 한다.

항문 성교를 자주 즐긴다.

포르노 영화나 잡지를 보는 것은 확실히 남성에게 해당되는 행위(18세에서 44세 남성 중 50% 이상, 여성의 경우는 30% 미만)로 나타났다. 끝으로 성행위에 있어서 음란 전화를 이용하는 것은 상당히 드문 편이고(35세 남성의 20% 미만), 모르는 사람과의 성행위, 스와핑, 성적 흥분을 강렬하게 하기 위한 기구 사용은 드문 것으로 나타났다. 갱뱅*, 피스트퍼킹**같은 극단적 사도마조히즘*** 같은 행위는 설문 조사에 포함되지 않았다.

2002년, 사회 각계와 모든 연령층에서 선택된 70명의 남녀를 대상으로 심층 대화 방식으로 이루어진 자닌 모쉬-라보Janine Mossuz-Lavau의 질적 설문 조사는 "같은 나라, 같은 시대를 사는 사람들이지만, 성관계에 있어서 놀라운 다양성"[10]이 있음을 보여준다. 이 조사에서 찾을 수 있는 교훈이라면, "성 영역에 있어서는 표준화란 개념이 통하지 않는다"는 것이다. 《리베라시옹》의 한 여기자가 자닌과의 인터뷰에서 "스와핑 클럽을 다니지 않고, 3인 혼음을 하지 않는, 전형적이고 전통적인 방식으로 성관계를 하는 사람들이 희귀 동물이 된 것 같은 느낌이 든다"[11]고 말할 정도였다. 사실, 자닌 모쉬-라보의 설문 조사는 동일한 남성과 20년째 아주

---

* 갱뱅(gang bang): 집단 강간.

** 피스트퍼킹(fist-fucking): 주먹을 항문이나 여자의 질 안에 집어넣는 행위.

*** 사도마조히즘(Sadomasochism): 사디즘과 마조히즘이 합쳐진 변태성욕.

10 《프랑스인의 성생활》(La Vie sexuel en France), 2002, p. 29.

11 블랑딘 그로장(Blandine Grosjean)의 자닌 모쉬-라보와의 인터뷰, 2002년 3월 10일.

만족스러운 성생활을 하는 여성들부터 카트린 미예가 전혀 부럽지 않을 만큼 섹스를 즐기는 여성들에 이르기까지, 모든 섹스 양상을 광범위하게 보여주고 있다. 우리는 젊은 여성들이, 물론 젊은 남성에 비해서는 덜하지만 항문 성교를 한다는 점과, 이전 여성들과 비교하여 성에 대해 양성평등 사상을 가지고 있으며 예전의 상투적인 성 개념을 거부한다는 것을 알게 되었다. "변한 것이 있다면 여성들의 요구가 더 까다로워졌다는 것이다. 그녀들은 즐길 권리가 있다고 확신한다. (…) 자신에게 오르가즘을 주지 못한다는 이유로 남자를 차버렸다고 증언하는 여성들을 많이 보았다고 자닌 모쉬-라보는 말한다. 그 중 한 여성은 "완전히 맛이 갔다"는 이유로 한밤중에 남자 친구를 밖으로 내쫓았다고 나에게 말했다. 여성의 이런 행동은 상당히 새로운 것이다."[12]

변한 것이 또 있다면, 남녀 모두 자신들의 환상을 충족시키기를 원한다는 것과, 소위 말하는 '변태적인'[13] 성행위를 즐기는 사람들이 생각보다 훨씬 많다는 점이다. 그래서 프랑스인들은 별일 없이 성생활을 즐긴다는 것인가? "욕구불만이거나 불행하다는 프랑스 여성은 단 한 명도 본적이 없었다. 프랑스에는 대단한 자유가 있고 재미있게 놀고 신명나게 즐길 줄 아는 뭔가가 있다."[14]고 자닌

---

12 《렉스프레스》(L'Express), 2002년 2월 28일, 자클린-레미(Jacqueline Rémy)의 자닌 모쉬-라보와의 인터뷰.
13 상동.
14 상동.

모쉬-라보는 대답한다.

모두가 이런 낙관론에 동의하지는 않는다. 지배와 복종의 관계가 판치는, 종종 놀라울 정도로 폭력적인 쓰레기 같은 성행위 장면이 등장하는 문학들이 쏟아져 나오는 것만 보아도 알 수 있다. 육체는 폐기될 때까지 이용되는 도구일 뿐이고 단순 소비재가 된다. 이런 극한 상황까지 가지 않더라도 '극단적인' 포르노가 점점더 광고, 뮤직비디오, 포르노 영화에 침투하고 있으며, "집단 지성에 스며들고", 이제 포르노 영화가 "성적 환상의 모태"[15]라고 말하는 이들도 생긴다. 열두 살 아이들 중 남자아이의 4분의 3과 여자아이의 절반이 이미 포르노 영화를 보았다.[16] 아이들은 거기서 피스트퍼킹, 고드생튀르*, 트리플 페네트라시옹** 같은 노골적인 단어들을 접하고, 난폭한 행위들과 기계처럼 표현된 육체를 보게 된다. 이런 하드코어***를 조금이라도 접한다는 것은, 아마도 그 이전에 섹스 숍에서 소위 아주 인기 높다는 부류인 집단 강간(갱뱅)과 여성의 육체에 가해지는 온갖 고문도 보았을 거라는 의미가 된다.

포르노가 단순히 환상과 성적 흥분을 위한 것이라 할지라도, 점

---

* 고드생튀르(gode-ceinture): 가짜 성기가 달린 가죽 허리띠.

** 트리플 페네트라시옹(triple pénétration): 입, 질, 항문에 동시에 남자의 성기를 집어넣기.

*** 하드코어(hard-core): 강도 높은 변태행위.

15 자비에 들뢰(Xavier Deleu), 상기인용, p. 117.

16 드니즈 스타냐라(Denise Stagnara), 《마리안느》 잡지에 인용됨, 2002년 6월 24일~30일자.

점 더 많은 사람들이 자신의 환상을 실제로 충족시키기를 원한다는 자닌 모쉬-라보의 말을 인정하지 않을 수 없다. 변태적, 나아가 극단적 성행위에 할애된 수많은 기사, 유력 일간지의 3행 광고, 특히 인터넷의 섹스 서비스 광고의 발달로 어제까지만 해도 비정상이거나 비도덕으로 여겨졌던 것이 보편화되었다. 10년 전부터 스와핑 클럽이나 비공개 섹스파티와 같은 에로티시즘 모임이 증가했다. 비록 소수에 한하지만, 이런 특이한 쾌락의 장소를 찾는 사람들을 보는 사회의 시선도 변했다. 사회학자 베로니크 푸트랭Véronique Poutrain의 지적처럼, "BDSM[17]이라 말하는 사도마조히즘 행위는 오늘날 더욱 가시적 현상이 되었고, 점차적으로 정상적인 것으로 간주되고 있다. 이 행위들은 성 세계 전반에 깊이 스며들고 있으며 조직적인 생산 판매망으로 더더욱 힘을 얻고 있다. 이런 행위들이 유혹적이건 혐오감을 주건 간에, 사도마조히즘 행위는 이제 공공장소까지도 점령하고 있다. 데모니아Démonia 같은 섹스 전문 상점들의 출현과 함께 사도마조히즘 판매대를 진열해 놓지 않는 섹스 숍은 더 이상 찾아 볼 수 없게 되었다. (…)

---

17 BDSM: BD[①], DS[②], SM[③]의 합성어.
   ① BD(bondage et discipline): 한 사람을 발가벗겨 몸을 끈으로 돌돌 말아 조여 매고 입에는 재갈을 물린 뒤, 한 사람은 명령을 내려 무조건 복종하지 않으면 처벌과 고문을 하는 행위.
   ② DS(domination et soumission): 지배와 복종 행위.
   ③ SM(sadisme et masochisme): 사디즘과 마조히즘(학대-피학대 음란증), 한 사람은 고통을 당하고, 다른 사람을 고통을 주면서 성적 희열을 느끼는 행위. 대표적인 SM 도구로는 검정 가죽 채찍, 가죽 장갑 등을 들 수 있다.

이제 (이런 행위들은) 노련한 애호가들만 즐기는 행위가 아니다. 사도마조히즘 또한 성행위를 '다채롭게' 해주고, 쾌락의 강도를 높여주고, 이미지를 다루는 세계 전체를 달구고 있다."[18] 베로니크 푸트랭은 사도마조히즘의 이미지가 "모든 사람이 즐길 수 있는 유희적, 오락적 성행위로 정의될 정도로 자리 잡았으며, 요즘 15~25세를 대상으로 하는 잡지들은 주저 없이 이 행위를 병적인 것보다는 새로운 희열을 맛보게 해주는 재미있고 풍부한 성적 놀이라고 말한다"고 지적한다.

스와핑에 대해서도 이와 같은 보고서가 있다. 사회학자 다니엘 웰저-랑은 남성 지배와 다양한 형태의 매춘 연구의 일환으로, 스와핑에 대해 4년에 걸친 민족학적 연구 결과인 《스와핑 혹성》을 발표했다. 다니엘 웰저-랑과 그의 연구팀은 스와핑 전문 잡지에서부터 스와핑 광고에 이르기까지, 스와핑을 즐기는 남녀를 50여 회 인터뷰했다. 이를 통해 이들이 광고에 응하는 과정에서부터 나체촌 아그드곶(Cap-d'Agde, 지중해 연안 해변 휴양 도시)과 그 외의 헌팅 장소에서의 현장관찰까지, 스와핑을 즐기는 대중에 대해 탁월하게 서술하고 있다.[19]

---

18 〈섹스가 행해질 때(…)〉(Quand le sexe travaille(…)), 《섹스 산업과 BDSM 행위》(Commerce du sexe et pratiques BDSM). 다니엘 웰저-랑(D. Welzer-Lang)과 살로바 사케르(Salova Chaker) 감수, 툴루즈-르미라유 대학Université de Toulouse-Le Mirail, 2002, p. 101.
19 〈스와핑: 상업화된 다양한 섹스와 남성지배 경향〉(L'échangisme: une multisexualie commerciale à forte domination masculine), 《현대사회》(Sociétés contemporaines), 미셀 보종 감수, No. 41~42, 2001, pp. 111~131.

우선 이 연구 보고서를 보면, 1990년대 후반부터 이런 성행위들이 확산되었음을 알 수 있다. 리옹과 같은 대도시 내 유료 스와핑 클럽의 증가(1992년 9개, 1996년 약 20개 이상)와 전문적인 광고의 증가(스와핑 전문 잡지에 나타난 광고는 1993년에 800건, 2001년에는 2,500건)를 통해 이런 상황을 확인할 수 있다. 스와핑을 즐기는 이들은 약 30만에서 40만 명으로 추정된다. 스와핑을 주도하는 쪽은 주로 남성으로, 이 중 남성 단독으로 스와핑한 경우는 51%, 커플 모두가 스와핑한 경우는 41%(남성은 도합 75%), 여성 단독으로 스와핑한 경우는 3.5%이고 나머지는 게이 또는 그 밖의 다양한 그룹들이다. 스와핑 인구 분포율이 가장 높은 지방은 일드프랑스*, 라발레뒤론**, 남프랑스이지만, 스와핑 신봉자들은 즉석 만남이나 클럽에서 열리는 파티가 있다면 수백 킬로미터도 마다하지 않고 달려간다. 다니엘 웰저-랑은 이런 행위가 성행하는 것은 유럽적 현상이고, 다양한 계층의 사람들이 즐기고 있다고 지적한다. "스와핑을 위한 모임에 오는 이들은 대부분 40세 이상이다. (…) 동시에 소수이긴 하지만 25~35세의 젊은 남녀들이 눈에 띄는 것은 주목할 만한 변화이다. (…) 오후에는 음료 쿠폰 정도의 저렴한 입장료로 저소득층도 클럽 출입이 용이한 편이나, 그래도 노동자 계층은 거의 없다. 커플을 대상으로 한 야

---

* 파리와 주변 도시.
** 리옹과 주변 도시.

간 파티에는 입장료가 훨씬 비싸 중산층과 고소득층이 주로 이용한다. '비공개 파티'는 주로 고소득층을 대상으로 한다."

이런 현상이 비록 극소수의 프랑스 남자(4%)와 여자(1%)에게만 해당된다 해도, 매스컴 덕분에 악마적으로 편집되고 있다. "성생활을 현대적으로 즐기려면 적어도 한 번 쯤은 '견학 삼아' 스와핑 클럽에 가봐야 한다."[20] 2001년 프랑스 한 공영 TV 방송에서 시청률이 가장 높은 저녁 시간대에 방영된 TV 프로그램은 이런 상황을 가장 잘 시사하고 있다. 방송에 출연한 젊은 커플들이 차분하게 자신들의 스와핑 경험담과 부부생활을 해나가는 데 있어서 스와핑의 좋은 점들을 이야기했다. 엄청난 판매 실적을 기록한 미셸 우엘베크Michel Houellebecq의 두 편의 소설[21]도 이런 상황과 무관하지 않다. 소설의 주인공들은 일상에서 벗어나 성적 자극을 찾아서 아그드곳의 나체촌으로 바캉스를 떠나거나 사도마조히즘 클럽을 드나든다. 그들은 사실 작가의 안티 주인공들로서 오히려 중산층을 풍자하고 있다. 대부분의 사람들이 극도의 사도마조히즘 행위, 집단 섹스와 같은 극단적 성행위를 극소수 변태 성욕의 특이한 성향이나 표시라고 생각할지라도, 차후에는 욕정을 자극하는 모든 행위가 환영을 받게 될지도 모른다.

---

20 상기인용, 《포르노 교감》(Les Consensus pornographique), p. 186.
21 《소립자》(Les Particules élémentaires), 1995. 《플랫폼》(Plateforme), 2001.

사물이 된 육체, 또는 섹스 기계

섹스가 소비 대상이 되는 우리 사회에서, 육체는 젊어야하고 성능이 좋아야하고 뇌쇄적이어야 한다. 이러한 이상에 도달하기 위해서라면, 받아들이지 못할 희생이란 ㅡ특히 여성들에게는ㅡ 없다. 가장 가벼운 것부터 가장 고통스러운 것까지, 온갖 변신을 겪는 우리의 몸은 유행과 시대에 맞춰 만들어져야 하는 물건처럼 이해된다. 남자들은 육체의 성능에 사로잡히고 여자들은 육체의 외양에 사로잡힌다. 우리를 덮치고 있는 에로, 포르노 영상들이 더더욱 이런 강박관념을 확대시키고 있다.

뜨거운 밀랍을 발라서 음모를 뽑아내는 왁싱처럼 털에 대해서는 말할 것도 없고, 가혹한 다이어트와 지방 흡입 수술로 제거해야하는 지방과 셀룰라이트에 대한 쓸데없는 공포로 인해, 서구 여성들은 점점 더 의례적으로 성형외과를 찾는다. 주름살 제거 수술과 코 성형수술 같은 일상적인 수술 말고도, 인공 보형물을 집어넣어 유방을 크게 하거나 그 반대로 유방을 줄이는 수술을 하며, 마음에 들지 않는다고 엉덩이나 허벅지를, 심지어는 젖꼭지나 성기를 성형한다. 여성의 육체는 성기까지도 모두 변형의 대상이 된다. 그렇다고 해서 완벽을 추구하는 이러한 고문에 남성의 육체는 전적으로 무관하다고 생각하면 오산일 것이다. 성형외과 전문의들의 말에 의하면, 점점 더 많은 남자들이 주름살 제거 수술(4~5건 중 1건은 남자)과 엄격한 식이요법을 감행한다고 한다.

신세대의 경우 피어싱과 문신 시술은 남녀가 비슷한 비율로 받는데, 이는 개성 추구나 장신구인 동시에 성욕을 자극하기 위한 것이기도 하다. 성기 피어싱은 혀에 한 피어싱과 마찬가지로 구강 성교를 할 때 피어싱이 음경의 아래쪽을 자극하기 때문에 시술받는다고 한다.

마치 물건처럼 온갖 방법으로 망가뜨려지고 학대당한 육체는 몸의 몇몇 특정 부분만이 강조되면서 몸 그 자체가 가지고 있던 에로틱한 특성을 잃게 된다. 이에 대한 도미니크 폴셰드의 지적은 정확하다. "순전히 섹스의 논리만 찾을수록 기계와 같은 기능을 요구하는 섹스에 사로잡히게 되고, 그럴수록 우리 육체는 무방비 상태에 놓이게 되며, 성관계시 전략상 중요한 부분들을 도구와 장난감으로 만들기 위해 몸은 더욱더 부위별로 나뉘고 분리되어야 한다. 섹스에서 성적 자극을 얻을 수 있는 곳은 소위 '성감대'라고 하는 육체의 특정 부분뿐이기 때문이다.[22] 이러한 사실들은, 성기 부분만을 확대시켜 보여주거나, 성기의 어떤 부분들을 클로즈업 하는 포르노 영상이나, 동성애자들의 전유물이었지만 이제는 우엘베크의 소설에도 등장하는 **밀실**back-rooms*의 행위들에 의해서도 충분히 입증되고 있다.

육체를 세분화하고 도구화하는 경향은 변태적 섹스나 남자들

---

* 밀실 또는 뒷방. 동성애자 전용 바에 있는 즉각적 만남과 성행위가 가능한 작고 어두운 방을 일컫는다.

22 《기계의 섹스, 현대의 섹스위기》(Sexe mécanique, La crise contemporaine de la sexualité), 2002, p. 106.

에게만 해당하는 사항은 아니다. 여성들을 대상으로 한 섹스 토이 sex-toys에 대한 최근의 열광만 보아도 알 수 있다. 뉴욕, 런던, 파리에 주로 여성 고객만을 상대하는 고급 섹스 숍들이 생겼다. 그곳에서는 쾌락을 얻기 위한 모든 종류의 섹스 기구를 볼 수 있다. 프랑스의 유명 여성 디자이너 소니아 리키엘Sonia Rykiel의 여성복 매장에 새로 생긴 성인용품 판매대는 많은 잡지의 기삿거리가 되었고 모두 한결 같은 이야기를 하고 있다. 고환을 본 따 만든 형광빛 남자 성기 모형과, 유명한 미국 TV 시리즈물《섹스 앤 더 시티Sex and the City》에 등장한 후 폭발적 인기를 끌고 있는 래빗Rabbit[*] 에 대해 쓴 다음, 이 새로운 현상에 대해 **여성의 성적 쾌락에 대한 죄의식에서 벗어나기**라는 주술적 표현을 사용하면서 이 신제품들을 정당화하고 있다.

나탈리 리키엘Nathalie Rykiel[**]은 이들 물건에는 유머가 있고, 심각하게 생각할 필요도 없으며, 성능 면에서는 최고라고 말한다. "아주 아름답지만 별 효력이 없는 제품을 파는 영국 가게와는 달리, 나는 실제로 기쁨을 줄 수 있는 제품을 우선 택하기로 했다. 이런 사업에 뛰어들 때는 철저해야 하며, 무엇보다 위선자가 되어서는 안 된다. 우리가 취급하는 섹스 토이는 예쁘고 재미있을 뿐 아니라 단연코 효과도 좋다"[23]고 말한다. 역시 성공이었다.《엘르》

---

[*]　　로저 래빗(Roger Rabbit)이라고 이름 붙인 자위용 남자 성기 모형.
[**]　소니아 리키엘의 딸, 디자이너, 영업부장.
23 《엘르, 인터뷰 발췌, 2002년 11월 4일 호.

지에 따르면, 몇 주일 만에 수백 개 이상의 제품이 팔렸고, 물건을 사려는 대기자들이 너무 많아 다 수용할 수 없을 정도였다고 한다. 그런 식으로 기구를 이용하여 혼자서 즐길 수 있는 권리가 급속도로 대중화되었다. 이제는 〈트루와 스위스Trois Suisses〉라는 통신 판매 카탈로그에도 깜찍한 신제품들이 소개되고[24] 인터넷 판매도 급물살을 탔다. 이제는 그동안 생각만 할 뿐, 섹스 숍까지 사러 갈 용기가 나지 않았던 기구들을 모두 집에서 주문할 수가 있게 되었다. '죄의식에서 벗어나게 해주는 제품들'이라 불리는 제품을 판매하는 한 인터넷 사이트의 경영자는 《리베라시옹》[25]과의 인터뷰에서, 하루에 약 150~200개의 주문을 받고 있으며 판매의 40%는 여성 구매자들이라고 밝혔다. 또한 회사 설립 3년째인 2002년도 매출액은 약 230만 유로로 예상되며, 이 매출액은 전년에 비해 두 배로 증가한 것이라고 말했다.

기구를 통한 쾌락, 자위로 점점 더 사람들이 다른 사람을 필요로 하지 않게 된다는 보리스 시륄닉Boris Cyrulnik의 지적은 일리가 있다. "성욕을 해소하는 이런 성 산업 때문에, 남자는 여자에게 있어서 인공 성기 같은 역할을 하거나 대리부로 전락할 우려가 있다."[26] 기껏해야 가게에서 사는 것만큼 성능이 좋아야만 하는 기구가 된다. 남자들이 성 불능에 대해 두려워하며 자격을 얻기 위

---

24 《르푸엥》, 2002년 12월 20~27일자.
25 《리베라시옹》, 2002년 10월 31일자.
26 《르푸엥》, 2002년 7월 12일자.

해 온갖 화학약품에 매달리는 이유를 이해할 수 있을 것이다.

여성을 성에 대한 죄의식에서 벗어나게 하는 일은 이미 시작되고 있다. 이런 경향을 부추기는 매스컴의 급격한 확산과 일상화된 포르노는 청소년 세대에 이미 많은 영향을 끼쳤다. 일부 여자아이들은 이제 타바타 카슈Tabatha Cash, 멜라니 코스트Melanie Coste 또는 오비디Ovidie와 같은 포르노 영화배우가 되기를 꿈꾼다. 케이블 TV 음악방송에서 끊임없이 나오는 뮤직 비디오 스타들은 사춘기 직전의 여자아이들의 우상이 되었다. 이들은 '브리트니 스피어스, 크리스티나 아길레라처럼 신체를 노출하고, 덩치 큰 남자들에게 선정적으로 몸을 부비고, 사도마조히즘의 상징물을 가지고 노는 사람들'[27]을 보고 자란다. 이런 뮤직 비디오가 소녀들의 환상이 아니라 그것을 제작한 남자들의 환상을 반영할지라도, 소녀들은 이 기계적이고 난폭하게 표현된 성을 여과 없이 받아들이게 된다.

금기를 해방시킨 것인가, 환상이 절대적으로 군림하게 된 것인가? 섹스를 심각하게 여기지 않거나 육체적 자극으로 단순화시킨 것인가? 성욕을 정당화한 것인가, 억압된 폭력성의 해소인가? 개인적 성취에서 오는 행복인가, 성생활에 있어서의 고독과 불행인가? 대부분의 사람들은 과거로 회귀하고 싶은 이들과 언제나 더

---

27 플로렌스 트레즈 앙케트(Enquête de Florence Trédez),〈팝계의 빔보들은 더욱 섹시한가?〉(Les bimbos de la Pop sont-elles trop hot?),《엘르》, 2002년 12월 9일자.

나아가기를 추종하는 이들 사이에서 괴로워하면서, 어떤 길을 택해야 할지 스스로에게 질문을 던지고 있다. 그러나 새로운 페미니즘 윤리는 그런 질문을 던지지 않는다. 자신들의 분석 결과에 대해서 또 앞으로 변화시켜야 할 것들에 대해 확신하면서 말이다.

길들여진 성의 허구

창세기부터 지금까지 남자들이 여자들에게 자신들의 성행위 방식을 강요해 왔다는 것은 정확한 진단이다. 그동안 우리가 보아 온 소위 성 해방 운동으로 지배와 폭력의 경향은 확실히 감소되었다. 그러나 포르노에서부터 부부 사이의 강간, 교외지역 집단강간, 그리고 되살아난 매춘에 이르기까지, 우리는 끝이 보이지 않는 남성의 성적 광란을 보고 있는 것 같다. 이제 지배와 복종의 끔찍한 관계, 돈의 위력, 욕망의 어두운 양면성 같은 것들을 전혀 알지 못하는, 그런 성[性]을 찾아가면서 흐름을 역전시킬 때가 되었다. 그러한 성은 투명하고 민주적이며 상대 의사를 충분히 고려하는 성이 될 것이다. 온화하고 순수한 성으로 환상과 성도착에 빠진 공동체에 충동의 정체를 밝히고 충동을 길들이기를 호소할 것이다. 요컨대 그러한 성이란 남녀 간의 유사성이 존재하지 않은 바로 그곳에서, 유사성을 전제로 태어난 단 하나의 성이라 할 수 있다.

순진한 동화 같은 이야기[28]

오로지 '남성 지배'라는 용어에 갇혀 사고하면서 여성을 남성의 피해자로 보는 페미니즘은 그 주장에 금욕적이거나 도덕적인 의도는 없다고 단호하게 주장한다. 섹스를 금지시키거나 결혼이라는 테두리 속으로 섹스를 격리하자는 것이 아니라는 것이다. 사실 그런 식의 이야기는 오늘날에 와서는 아무런 의미도 없을 것이다. 그런데 매춘에 대한 최근의 논쟁에서 합법적 또는 불법적 섹스라는 개념이 다시 나타나는 것이 보였다. 어느 분야에서든 금지론자와 폐지론자들은 격찬보다 비난에 더 열을 올리는 법이지만, 이들 페미니스트들에게 올바른 성생활의 윤곽을 그려내는 일은 어려운 일이 아니었다.

이들에게 절대악은 '여성의 육체를 사물화하고, 여성을 성적, 사회적으로 지배하기 위해 여성을 비인간적으로 만드는'[29] 돈이다. 돈은 기독교와 마르크시즘이라는 이중의 영향 속에서, 부패의 상징이 되었고, 사람이 사람을 지배하게 하는 폭력적 수단이 되었다. 따라서 장기매매와 성매매, 강간과 매춘, 자발적 매춘과 노예 상태의 매춘을 같은 선상에서 보았다. 이 모든 경우, '육체의 상품화'와 '인권 침해'로 보았다. 유일하게 허용되는 섹스가 있다면 그

---

28 필립 로스, 《얼룩》(La Tache), 2002.
29 A. 드워킨, 〈왜 여성은 남성의 지배에서 벗어나야하는가?〉, 《헤럴드》, 글라스고 (Glasgow), 2002년 8월 2일, 〈매춘과 남성 지배권〉(Prostitution and male supremacy), 미시간 대학교 법학부, 1992년 10월.

것은 돈을 지불하지 않는 경우이며, 따라서 순수한 것이고 또한 쌍방의 욕망에 의해서 이루어지는 것이다.

다음의 두 텍스트는 페미니스트들이 올바르다고 보는 섹스에 대해 더 분명하게 알려준다. 첫 번째 텍스트는 매춘에 반대하는 캐나다 퀘벡 지방의 성명서 중 일부이다. 성명서의 저자는 매춘부를 산다는 것은 원하지도 않는 사람에게 섹스를 요구하는 것이므로 분명 병적인 이상, 일부 남성들의 그 **병적**인 욕망을 위해 일할 수밖에 없는 인간 부류의 존재를 사회적으로 인정한 이들을 신랄하게 공격한다. 그 다음 저자 자신이 생각하는 건전하고 정상적인 섹스에 관해 설파한다. "건전한 사회라면, 불행히도 여전히 이상향이지만, 사람들은 오로지 '**공동의 애정과 욕망**'을 나누기 위해서만 사랑의 행위를 하게 될 것이다. 파트너와 함께하는 성적 환희만이 섹스로 나아갈 수 있는 유일한 방법이 될 수 있을 것이다. 그렇지만 대부분의 종교들은 정신적인 질문들을 통해 섹스를 이해했어야 함에도 성행위에서 정신성을 분리시켜왔다."[30]

이러한 '건전하고 즐거운' 섹스 개념은 여성운동 단체 '쉬엔느 드 가르드'의 회장을 역임했고 현재는 라 뫼트La Meute*의 수장인

---

* '사냥개의 무리'라는 의미로, 성차별적 광고 추방을 위한 남녀 혼성 국제 협회, 프랑스 작가 플로랑스 몽트레노에 의해 2002년 9월 28일 발족한 단체로 전 세계에 약 40개의 협회가 있으며 슬로건은 "성차별적 광고는 노!"(NON a la pub sexiste!)

30 레아 장(Rhéa Jean), 〈매춘 금지에 대한 탄원서〉, http://www. artifice. qc.ca/dossierarchives/72.htm

플로랑스 몽트레노Florence Mon-Treynaud의 탄원서에도 부각된다. 2000년 7월 29일 작성된 〈자유롭고 무상인 사랑 만세!〉라는 제목의 이 탄원서는 매춘 폐지를 요구하고 있다. F. 몽트레노는, 처벌을 주장하기보다 그녀가 마초라고 칭한, 나중에는 '탐욕적인 육식자'라고 표현한 이들을 교육시켜야 한다고 주장했다. 그녀가 본 "마초들의 문제점은 욕망과 사랑을 항상 분리한다."[31]는 점이다. 올바른 섹스는 오로지 사랑 또는 공유된 욕망 속에서만 가능하다는 것이다. 이러한 담론은 감정을 무시하는 충동적 섹스가 위법적이고 부도덕해서 맞서 싸워야 할 대상임을 의미한다. 많은 페미니즘 단체는 이러한 충동적 섹스를 강간과 동일시했다.

하지만 유일하게 합법적 섹스라고 정의되는 섹스는 많은 문제에 부딪히게 되고, 다양한 질문을 야기시킨다. 첫째, 충동적 섹스와 돈으로 산 섹스는 마초와 탐욕적 육식자에게만 해당되는 것이 아니다. 여성이 섹스 서비스를 이용하는 경우는 생각보다 많다.[32] 어쩌면 여자의 성에 가해지는 마지막 금기 사항들이 없어진다면 더 많은 여성들이 섹스 서비스를 이용할지도 모른다. 만일 한 여성이 어떤 남성과 똑같은 성적 자유, 즉 감정의 교류를 배제한 성

---

31 플로랑스 몽트레노, 《라뫼트에 온 것을 환영합니다》(Bienvenue dans la Meute), 2001, p. 99.
32 '여자들의 버스 친구'라는 협회의 회장 클로드 부셰(Claude Boucher)의 증언, 국내 안전에 관한 보고서, 마리-조 짐메르만(Marie-Jo Zimmermann) 감수, No. 459, 2002, p. 63.

적 자유를 주장한다면, 그녀는 한결같이 타락했거나 비정상인 사람으로 간주된다. 여자에게 섹스 서비스를 제공한 남창은 강간당한 이로 간주해야하나? 쾌락을 위한 쾌락은 여전히 예전의 죄악과 동일시해야 하는가?

두 번째, 손님을 합법적 강간자 또는 '탐욕적 육식자'로 보는 것은 매춘 남녀에게 가장 큰 오명을 씌우는 일이며 그들의 인간적 존엄성과 책임감을 박탈하는 것이다. 그들의 행동이 타락의 궁극적 단계로 간주될 때, '절대적 피해자', '파탄에 빠진 족속', 나아가 '고깃덩이'라는 더 모욕적인 신분으로 그들을 격하시키는 것이 된다. 쏟아지는 동정심 아래 경멸의 모습이 드러나고, 스스로 진정한 페미니스트라고 생각하면서 성 평등을 위한 투쟁의 선두에 서 있는 여성들에게서 나오는 경멸인 만큼 더욱더 참을 수 없는 것이 되고 만다.

끝으로, 돈이 전혀 개입되지 않은 '순수한' 성이라는 개념은 우리가 피하고 싶어 하는 문제를 안고 있다. 타락이라는 개념은 어디에서 어디까지로 보아야할 것인가? 돈거래 없이 쌍방이 같이 즐기는 것이 올바른 섹스를 판단하는 기준이라면, 사회적 위치나 경제적 기반을 보고 배우자나 애인을 고르는 남녀에 대해서는 뭐라고 해야 하는가? 욕망이 없는데도 무엇인가에 대한 대가로 상대방과 잠자리에 드는 남녀에 대해서는 어떻게 생각해야 하는가? 프랑스인 중 96%가 상대방을 유혹하려면 돈이 있어야 하고, 28%가 해외로 가는 주말여행을 제안할 경우 '항상 성공한다'[33]고 대답한 IFOP의 조사 결과에 대해서는 어떻게 생각해야 하는가? 어떤 이들은 급진자유주의가 야기한 타락의 결과와 싸워야 한다고 할 것이고, 또 어떤 이들은 낭만주의는 사라지고 사랑과 섹스는 별개의 것이 되었다고 할 것이다. 그러나 순수성을 옹호하는 페미니스트들에게는 이런 소리가 들리지 않는다. 자신들의 사고방식을 바꿀 수 없으니, 줄곧 거리의 매춘만 공격하고 있다. 늘 그렇듯, 순수를 지향하는 동화같은 이야기는 결국 처벌이라는 결론에 이르게 된다. 우파, 좌파를 막론하고 보르도와 파리는 성매매를 하는 남녀들의 처벌을 요구했다. 매춘부를 찾는 손님을 직접 처벌함으로써 결국 매춘부의 활동을 금지시키는 우회적 방법을 택한 것이다. 여기에 대해 파리의 '페미니스트' 진영이 모든 것을 결정했다. 징역 2년(스웨덴보다 4배나 강한 처벌), 벌금 3만 유로, 그리고 불응하는 성 매수자에게는 사회와 법적 차원에서의 조사[34]를 받게 하자는 것이었다. 불이익을 주는 동시에 기이하게 반복되는 이 행위를 의학적으로 치료하겠다는 것이다. 성 매수자들을 '판사로부터 치료 명령을 받는'

---

33 IFOP와 Egg의 설문 조사, 2002년 9월 5일 작성, CB NEWS, 2002년 9월 30일부터 10월 6일까지. "감정을 사고 팔 수 있는 돈의 위력은 더 이상 금기 사항이 아니다. 사랑에도 값이 있고 비용이 있고, 우리 각자는 투자에 대한 보상을 기대하고 있다."

34 사회당 의원이며 부시장인 크리스토프 카레세(Christophe Caresche)의 《일요신문》(Journal du dimanche)과의 인터뷰, 2002년 9월 29일자 《일요신문》에 게재. 2003년 1월 13일자 리베라시옹 지는 6개월 징역에 7,500유로의 벌금이라고 보도.

환자들로 만들고 싶은 것이다. 때마침 발표된 매춘부들에 대한 연구 덕분에, 매춘부들이 심각한 정신장애 환자이고 '육체를 부정하는 증상'[35]으로 고통 받는 환자라는 연구가 보고되었다. 요컨대 이런 모든 상황은 사악한 성 충동에 선전 포고를 할 만반의 준비가 되어있음을 의미한다.

투명성과 동의

투명성과 동의, 이 두 용어는 서로 밀접하게 연결되어 있다. 성행위에 동의한다는 것은 성행위를 분명히 원한다는 것을 의미한다. 모든 것은 말로써 표현되어야 하고 명확히 진술되어야 하고 분명히 밝혀져야 한다. 예전의 몇몇 개신교 국가에서 그렇게 했듯이, 창문에 커튼을 드리워서는 안 된다. 우리 내면의 어떤 것도 감춰서는 안 된다. 원하는 마음은 분명히 드러내야 하며 구석구석까지 상대방에게 보여야 한다. 이런저런 노골적이고 적나라한 그 면면들을 감추고 싶어 하는 성적 수치심 따위는 거부한다. 자신에 대해 모든 것을 이야기하고, 자신의 모든 것을 보여줘야 한다. 이런

---

35 쥐디트 트랭카드(Judith Trinquart), 〈매춘 행위에 있어서의 육체의 부정 : 의학적 치료에 있어서의 주요 장애〉, 일반 외과 박사 논문, 2001~2002, 릴리안 캉델의 탁월한 비평 분석도 참조할 것, 〈프랑스의 새로운 질병 : 매춘〉, 《선택 우호, 선택권에 관한 잡지》(Pro-Choix, la Revue du droit de choisir), No. 23, 2002년 겨울, pp. 17~23.

의미에서 동의에 대해 연구하는 여성학자들은 16세기와 17세기의 고백서와 현대의 새로운 노출증 문학에 동시에 접근한다. 전자의 경우, 성행위에 관한 많은 질문을 기록해 둔 고해 신부용 리스트의 존재를 떠올리게 된다. 고해신부가 참회자의 성행위에 대해 어떤 것도 놓치는 일이 없도록, 그리고 참회자의 죄의 위중함을 가급적 가장 명확하게 가려낼 수 있도록 만들어진 리스트였다. "그 남자가 당신의 몸 여기를 만졌는가? 아니면 거기인가? 그가 당신의 몸에 있는 구멍 중 어디로 들어왔는가? 그가 그 구멍 안에서 끝냈는가 아니면 밖에서 끝냈는가? 등의 질문들이다.

오늘날의 고백은 예전처럼 강제로 끌어낸 것이 아니라 가급적이면 가장 많은 사람들 앞에서 공표되고 있다. 젊은 남녀들은 일종의 참을 수 없는 자기 과시증에 걸려 끊임없이 자신들의 가장 은밀한 욕망과 불행한 섹스 경험담들을 늘어놓는다. 유명세를 탄 작가들에서부터 전혀 알려지지 않은 모씨에 이르기까지, 모두들 TV 카메라 앞에서 주저 없이 자신의 성생활의 우여곡절을 노출하고 싶은 마음 밖에 없다. 이제 고해신부나 정신분석학자와의 면담은 한계에 다다랐고 무미건조해 보인다. 그러나 여전히 모두 다 말하고 드러낸다는 점에서 목적은 같다.

페미니스트적 관점은 공개성에 대한 이런 욕망을 조금도 지지하지 않는다. 그러나 한 치의 애매함도 없는 동의를 요구하는 것은 욕망을 완전히 명백하게 밝힌다는 점에서 공개성에 대한 논리와 같다. 이들은 상대방의 욕망에 대하여 전적으로 완전한 자유를 배려해 주기 위해서라는 명분을 내세운다. 우리는 '양보는 동의가 아니다'[36]라고 배웠다. 그리고 모든 미국 대학가에서는 서로 경쟁하듯, 최소한의 심리적 압박도 성행위를 즉각 불법으로 만든다고 거듭 이야기하고 있다. 즉 강간과 같다는 것이다. 여기에서 말의 의미가 극도로 중요해진다. '예'와 '아니오'에 관한 페미니스트적 해석은 지칠 줄 모른다. 그런데 이상하게도 네 가지 경우 중 두 가지 경우만 고려되고 있다. '아니오를 의미하는 아니오'와 '아니오를 의미하는 예'의 경우이다. 그 누구도 '예를 의미하는 예'에는 관심이 없고, '예를 의미하는 아니오'의 경우에 대해서는 더더욱 관심을 보이지 않는다.

대학가 내에서, '아니오'는 언제나 '아니오'로 간주된다. 실제로 성적인 제안에 응할 마음이 없을 때, 원하지 않는다고 단도직입적으로 알려야한다는 것은 누구나 알고 있다. 그러나 남성 포식자는 못 들은 체하거나, 자신의 먹이에게 다양한 방법으로 압력을 가한다. 그것이 물리적 압박과 관련된다면, 즉 그가 자신의 육체적 힘을 사용한다면, 두말할 나위 없이 강간으로 간주된다.

동의에 대해 연구하는 여성학자들은 심리적 압박이 덜 강압적이라고는 보지 않는다. 그것은 소위 말하는 '비폭력적 성적 강

---

36 N. C. 마티외(N. C. Mathieu), 〈양보가 동의가 아닐 때: 여성의 의식이 지배당하도록 만드는 물질적 심리적 요소〉, 《여성들에 대한 조사. 성에 대한 인류학적 고찰》(L'Arrraisonnement des femmes. Essais en anthropologie des sexes), 1985, pp. 169-245.

압'[37]에 속한다. 언어적 강압은 "물리적 위협 없이 남성의 집요한 설득에 의해 원하지 않는 성행위에 여성이 동의하는 것"이라고 정의 된다. 예를 들어, 여자가 섹스를 거부할 경우 관계를 끝내겠다고 말하거나, 불감증 여자라고 하거나 또는 모두 이런 식으로 섹스를 한다고 말하는 것이다. 남자의 그런 논법에 굴복할 경우, 이것은 '아니오를 의미하는 예'이다. 그녀는 동의한 것이 아니고 저항하지 못한 것이며, 이 경우 강간의 문제가 다시 제기된다.

1980년대 말에 하버드 대학교의 한 학생(여학생인지 남학생인지 밝히지 않았지만)이 교육적인 목적으로 〈이것을 강간이라고 부르자Calling It Rape〉라는 강간에 대한 글을 썼다. 글의 목적은 언어상의 오해 때문에 발생하는 강간에 대해 그의 동급생들에게 경각심을 불어넣기 위해서였다. 케이티 로이프가 그 중 한 부분을 인용했다. "젊은 남녀가 함께 비디오를 보고 있던 중, 남자가 여자를 슬슬 덮치기 시작한다. 여자는 섹스를 할 생각이 없다. 상황이 진전되자, 여자는 자신이 정말로 그런 열의가 없다는 것을 남자에게 알리기 위해 애쓰다가 결국 '나와 섹스를 하고 싶으면, 콘돔을 끼워'라고 말한다. '남자는 이것을 '예'로 해석하나, 실제로 이것은 '아니오'이다. 이 글을 쓴 필자에 따르면 콘돔을 사용하든 하지 않든, 이것은 분명히 강간이라는 문제를 제기한다."[38]

---

37 샤를렌 묄렌하르트(Charlene Muelenhard), 제니퍼 슈락(Jennifer Schrag), 〈비폭력적인 성적 강압〉, 케이티 로이프에 의해 인용, p. 67.
38 상기 인용, p. 75

그러니 언어는 성행위를 정당화시키기에는 충분하지 않다. 말의 이면에 숨은, 말로 표현되지 않는 속마음과 드러내지 못한 마음속의 반감을 잘 가늠해야 하고, '아니오'라고 말하기 어려워하는 여성의 특성을 고려해야 한다. 여성의 소극성과 심약함을 구시대적 특성이라고 보는 것은 잘못된 생각이며 여성의 이 고유성은 반영되어야 한다. 이런 원리 때문에 여성의 '예'는 큰 소리로 외쳐지지 않는 한, 완전히 '예'라고 믿기에 미흡하다. 미셸 페에르Michel Feher의 말처럼, '여성의 '예'는 자신을 유혹하는 남자가 조종하는 대로 동의할 때, 그 동의의 유효성에 대해 의심의 여지'[39]를 남겨두고 있다.

여성의 소심함 또는 속마음에 대한 이러한 고려가 '예를 의미하는 아니오'와 같은 정반대 상황의 경우에는 거의 반영되지 않는 것은 참으로 이상한 일이다. 미국 페미니즘의 대변인임을 자처하는 에릭 파생Eric Fassin은 "여성이 상징적인 거부나 저항하는 척하면서 오히려 동의하는 마음을 더 잘 표현하는 경우가 드물지 않다"고 보지만, 그는 여기에서 빅토리아 여왕시대의 잔재[40]만을 보고 있다. 이에 반해 루소의《에밀》제5권을 재조명한 파트릭 오샤르Patrick Hochar와 클로드 아비브Claude Habib는 성행위에 있어서

---

39 미셸 페에르, 〈미국 내 에로티시즘과 페미니즘〉,《에스프리》(Esprit), 1993년 11월, p. 126.
40 《미국 내 데이트 강간》, 앙케이트 No. 5, 1997, p. 210, 클로드 아비브에 의해 인용,《사랑에 따른 동의》(Le consentement amoureux), 1998, p. 68.

남녀의 역할이 다르고 남녀의 욕망은 상호보완적이라고 본다.[41] 남성은 '정복하고' 여성은 달콤한 폭력에 '굴복하는' 것이 본성일 수도 있다는 것이다. 페미니스트적 관점에서는 이런 담론들은 온갖 남용을 야기할 수 있기 때문에 당연히 받아들일 수 없다.

그렇지만 만일 여성이 '아니오'를 생각하면서 '예'라고 말할 수 있다는 것을 인정한다면 그 반대의 경우, '예'라고 생각하면서 '아니오'라고 할 수 있다는 것도 인정해야 할 것이다. 우리 말 중에서 '성적 수치심'*이라는 단어가 더 이상 통하지 않는 감정 또는 위선을 의미한다고 아예 이 단어 자체를 없애 버릴 수 없는 한 말이다. 과연 경우에 딱 들어맞는 말이 가능할까? 몸과 마음이 항상 똑같이 움직이고 자신의 욕망을 지배할 수 있다고 생각할 수 없는데도. 그럼에도 '동의' 이론은 이런 사소한 것들만을 가지고 다투고 있다. 그 논리는, 우리가 단번에 원하는 것과 싫어하는 것을 모두 기록한 완벽한 카탈로그를 만들 것을 요구한다. 이것은 결국 우리를 '성 계약서' 개념으로 직행하도록 이끈다.

---

* 프랑스어 'pudeur'. (성에 관련된) 수치심, 마음을 겉으로 드러내지 못하는 소심증, 앞으로 나서지 못하는 수줍음이라는 뜻이다.
41 파트릭 오샤르, 〈모든 행위 중 가장 자유롭고 가장 달콤한 행위〉, 장 자크 루소의 《에밀》 제5권 읽기, 《에스프리》, 1997년 8~9월호, pp. 61~76, 클로드 아비브, 〈서정적 법칙, 사랑, 섹스 그리고 자연〉, 상동, pp. 77~91.

동의와 계약

1990년대 초 오하이오주의 안티오크Antioch 대학이 주체가 되어 성행위 관련 법규를 제정할 목적으로 헌장을 발표했을 때, 프랑스뿐만 아니라 미국에서도 많은 사람들이 비웃었다. 성행위의 모든 과정이 단계별로, 자세한 사항에 대해서까지 쌍방의 합의가 있어야 한다는 내용 때문이었다. 성적으로 친밀감을 표현하는 아주 사소한 행위도 상대방에게 물어보고 승인을 받아야한다는 것이다. 그렇다면 성행위 이후 발생할 수 있는 모든 문제들을 피하기 위한 가장 이상적인 방법은 아예 계약서를 미리 작성하는 것일 테고, 공증인 사무실에 가지 못할 이유도 없으리라.

신념이 가장 투철한 페미니스트 층에게도, 이 성 계약서는 상호 동의란 것을 너무 우스꽝스럽게 왜곡한 것으로 비쳤다. 상상력과 자발성이 허락되지 않는 성행위는 에로티시즘의 종말을 의미한다. 일부 사람들이 지적했듯이, '남녀 한 쌍이 정확하게 보조를 맞추어, 자유롭고 평등한 상호 교환의 성행위를 한다는 것은 당연히 불가능한 일이고, (…) 그들의 본능적 욕망이 동시에 생겨나고 같이 무르익는다는 것 역시 불가능한 일이다.'[42] 그러나 이 부조리한 계약은 결국 '동의' 이론이 요구하는 투명성 때문에 발생하는 논리적 결과이다. 상대가 원하지 않는 성적인 관심이 성희롱이라면, 애매모호한 말과 행동 때문에 형사처벌까지 받게 된다면, 또 '무

---

42 미셸 페에르, 《미국내 에로티시즘과 페미니즘》, 상기인용, p. 129.

언은 동의를 의미한다'라는 프랑스 속담과는 정반대로, 무언이 동의가 아니라면, 이제는 어떻든 간에 사전 계약서를 먼저 작성해야 한다. 무언의 놀이, 남을 놀라게 하는 놀이, 감추는 놀이, 주도적 놀이 등은 더 이상 '합법적' 섹스 안에서는 설 자리가 없다.

다른 페미니스트들에 비해 더 확고하거나, 독단적인 미국의 일부 페미니스트들이 이성간의 섹스에 관한 일반적 규칙들을 계약 양식으로 만들어 놓자고 제안했던 것도 이런 이유 때문이다. 1992년 미국 철학협회상을 받은 짧은 에세이에서 여성 철학자 로이스 피노Loïs Pineau는 안티오크 대학의 헌장에서 영감을 얻어, **터놓고 이야기하는 섹스**Communicative sex라는 명칭의 섹스 유형을 발전시켰다. 그럼으로써 어떤 남자도 이제는 여자의 '아니오'라는 대답을 '예'라고 주장할 구실을 댈 수 없게 되고 강간의 수치, 특히 데이트 강간의 수치가 상당수 줄어 들 수 있다는 장점이 있다고 보았다. 캐서린 매키넌과는 반대로 로이스 피노는, 다른 파타이Daphne Patai의 지적처럼 여성들이 자신의 동의를 일종의 암시나 제스처의 단계에 머물지 않고, 명백하게 구두로써 표현할 능력이 충분히 있다[43]는 것을 전제한다. 의사를 명백하게 표현하는 일

---

43 다픈 파타이, 《이성공포증, 성추행과 페미니즘의 미래》(Heterophobia, Sexual Harassement and the Future of Feminisme), 1998, pp. 176~177. 로이스 피노의 에세이 〈데이트 강간: 페미니스트적 분석〉(Date rape: a feminist analysis)은 레슬리 프랜시스(Leslie Francis)에 의해 출판된 공동저서 《데이트 강간: 페미니즘, 철학 그리고 법》(Date rape: Feminisme, Philosopy and the Law), 1996, pp. 1~26에 실려 있다.

은 이제는 문제도 아니며 오히려 반드시 해야 할 일이 되어버렸다.

프랑스에서 섹스 계약서라는 주제는 단 한 번도 이런 관점에서 접근된 적이 없었다. '동의란 단어는 멋진 말이다. 그리고 훌륭한 일이다'[44]라고 말하는 데 그쳤으며, 그 '일'을 정의하는 일은 조심스러워했다. 분명히 우리 각자는 동의하지 않는 것과 반대로 성적 흥분이 무엇을 의미하는지는 잘 알고 있다. 사랑에 동의하는 것과 섹스에 동의하는 것이 종종 서로 애매하게 얽혀있다는 것도 잘 알고 있다. 확실하지 않거나 미정인 상태, '예'인 동시에 '아니오'가 공존하는 상황인 것이다. 종종 모순적이기도 한 이 복잡한 회색지대에 대해 무슨 말을 해야 할지 몰라, 우리는 차라리 이것을 모른 척 하고 싶어 한다. 그러나 페미니스트에 관한 이론과 정책에서 무의식이라는 것은 이제 설 자리가 없다. 투명함을 요구할 때 치러야 할 대가이다.

우리가 잘 알고 있는 유일한 섹스 계약은 매춘 행위에 대한 계약뿐이다. 그런데 이 계약은 매춘 폐지론자 페미니스트에 의해 인정되지 않고 있다. 사실 이 계약이야말로 성행위에 있어 동의하거나 거절된 행위들에 대해 쌍방이 미리 합의한 것이다. 각 행위는 가격이 정해져있고 매춘부는 주체적으로 손님의 요구를 수락하거나 거절한다. 성적 수치심과 감정이 배제된 완벽한 투명함인 것이다. 역설적이게도 바로 이 때문에 계약서는 무효가 된다.

---

44 아가신스키, 《리베라시옹》, 2002년 3월 10일자.

매춘 폐지론자들은 감정과 욕망이 배제된 채 바로 이루어지는 섹스에 자유로운 동의란 있을 수 없다고 본다. 육체를 매매 대상으로 만든다는 것은 노예 상태를 나타내는 것이며 따라서 자주권을 상실한 상태에서 이루어진다. 정신적으로 건강한 여성이라면 스스로의 선택으로 매춘에 빠지지는 않는다고들 한다. 경제적 빈곤, 포주에 의한 물리적 강요, 심한 정신적 고통이 있었던 과거, 이 세 가지 경우만이 매춘을 선택한 상황을 설명해 줄 수 있다는 것이다. 어떤 경우에도 매춘부의 동의는 가치가 없는 것이고, 그 성 계약은 무효한 것이다. 따라서 일부 여성들이 강간과 매춘을 뭉뚱그려 같은 시각으로 접근한다고 해도 별로 놀라운 일도 아닐 것이다. '여성 위에 군림하는 남성의 지배는 필연적으로 여성들에 대한 강간으로 드러난다. 강간은 남성의 지배가 가시화된 것이다. 매춘은 남성 고객의 상상 가능한 모든 종류의 폭력이거나, 실제로 일어나고 있는 폭력을 여성의 육체에 가하는 기회가 된다.'[45]

---

45 여성연구협회(ANEF: Association nationale des études féminines) 회보, 2002~2003년 가을~겨울호, p. 123.

여성적 성 본능의 유형

성에 대한 다양한 설문 조사들은 여전히 여성적 성 본능과 남성적 성 본능을 다르게 보는 시각이 폭넓게 자리 잡고 있음을 보여준다. 섹스와 애정을 분리시킬 수 있는가라는 질문에, 많은 남성들이 주저 없이 '예'라고 말하고 여자들은 '아니오'라고 대답한다. 자닌 모쉬-라보가 강조하듯, 성행위에 대한 고정관념들이 점점 사라지고 있는 데다 "여자가 남자처럼 행동하기 시작하는 반면 남자는 여자처럼 감정을 중요시"해도, 남성적 욕망과 여성적 욕망을 다르다고 보는 시각은 여전히 그대로 남아있다.

이 주제를 논하기 위해서 파스칼 브루크너와 폴라 자크Paula Jacques가 함께 만난 자리에서, 파스칼은 "남자의 성 본능은 단순하고 자동반사적이다. 욕망은 어디서나 작동한다. 오로지 남성만을 위한 매춘이 존재한다는 사실만 보더라도(?), 남자의 성은 즉각적 욕망에 의한 성이다."라고 말했다. 폴라 역시 시간에 대한 인식 차이와 남성 사냥꾼이라는 시대에 뒤떨어진 지위에 대해 강조한다. "여성은 이러한 즉흥적이고, 가볍고, 불안정한 성 본능을 갖지 못하도록 방해하는 저주에 걸려있다. (…) 여자는 사랑하는 감정, 즉 어떤 구성 과정이 있어야만 마음이 동하게 되는가?"[46]라고 그녀는 반문한다.

카트린 미예와 그녀의 여성 후배들은 그런 저주를 피해 간 것처

---

46 《심리학》(Psychologies), 1997년 7-8월 호, No. 155.

럼 보일지라도, 사회학자들의 연구 결과는 여성의 욕망과 남성의 욕망 사이에는 사회적 · 정신적 차이점이 있음을 여전히 강조하고 있다. 미셸 보종은, "한 커플을 두고 볼 때, 이들이 성생활에 부여하는 중요성과 정당성은 똑같지 않다. 가장 최근의 섹스에서, '누가 더 섹스를 하고 싶어했는가'라는 질문에, 여자인 경우는 겨우 10%, 남자는 40~50%, 둘 다 원했다는 답은 50% 정도이다. 남성의 욕망이 주도적이라고 보는 여성이 남성보다 여전히 더 많았다."[47]

성별에 따라 욕망에 차이가 있다는 것을 감지한 포르노 영화 시장은 이제 여성에게 눈을 돌렸다. 덴마크의 라스 폰 트리에Las von Trier가 여성들의 요구에 부응하여 특별히 구상한 포르노 영화를 2편 제작한 것이 시발점이었다. 여성 감독 리즈베스 린괴프트 Lisbeth Lynghoeft는 포르노 영화 중 90%가 남성을 대상으로, 남성에 의해 제작되고 있는 것이 현실이라며, 이제는 에로티시즘과 포르노 분야에서 여성 특유의 기대에 부응해야 할 때라고 설명했다. "여성들은 전희를 묘사한 장면을 더 많이 보기를 원하고, 성기 부분만 클로즈업하여 보여주는 화면보다는 전체적으로 아름답게 비치는 육체를 선호하며, 사랑을 느낄 수 있는 신뢰할만한 인물들의 등장과 드라마틱한 전개 등을 더 원한다. 가장 분명히 해야 할 점은 여성 존중이며, 어떤 경우에도 자신의 의지와 관계없이 강간당

---

47 《성 본능과 젠더》(Sexualité et genre), 상기 인용, p. 183.

하거나 지배당하는 여성을 표현하지 말아야 한다."[48]

'전희', '지속 시간', '감정' 이런 것이 여성의 성 본능을 정의하는 전통적인 세 가지 유형이고, '삽입', '사정', '지배'는 남자의 성 본능을 정의하는 전통적 세 유형이다. 후기 페미니스트들은 당연히 바로 이 남성 우위를 문제 삼는다.

남성적 성 본능에 대한 고발

성 본능이 남성이 여성을 억압하는 근거가 되고, 여성을 사회적으로 열등하다고 보는 이유가 된다고 생각할 경우, 본질주의와 문화주의 철학 중 어떤 것을 선택하는가에 따라 두 가지 다른 가능성을 볼 수 있다. 본질주의 철학은 남자와 여자의 성 분리를 주장하면서 이성애에 대한 거부감을 유발한다. 문화주의 철학은 남자의 성 본능을 변형시키기 위해 투쟁한다. 1970년대부터 미국 페미니즘은 무엇보다도 이 두 가지를 특별히 선택하고 발전시켰다. 그러나 남자들과의 관계를 끝내자고 끊임없이 주장해 온 동성애 페미니스트와 분리주의 페미니스트들의 노력은 자연스럽게 별 효과 없이 끝났다. 1984년에도 본질주의 여성 철학자 조이스 트레빌코트Joyce Trebilcot와 몇몇 사람들이 이성애적 제도에 더 이상 동조하지 말자고 여성들에게 애원한 적[49]이 있었지만 아무 소용이 없

---

48 파리 마치(Paris-Match), 2002년 11월 7일 주간.
49 〈성욕과 젠더〉, D. 파타이에 의해 인용됨, 상기인용, pp. 141~142.

었다. 그 뒤는 문화주의적 담론이 이어받게 된다. "여성의 가치를 포기하지 않고 진정한 여성성을 사수하려는 이 페미니스트들은, 그들이 여성에게 부여한 문화와 성을 우선적으로 방어하고 정당화하기 위해 전략적 후퇴를 도모한다. 달리 말하면, 매키넌과 같은 법학자가 두각을 드러내는 두 번째 세대, 문화주의 페미니즘은 남성적 성 본능에 의한 성적 악습과의 투쟁에 전력을 다하기 위해 남성과 여성의 성 본능 양립성 문제는 보류하는 추세이다."[50]

공식적으로 문화주의 페미니즘은 더 이상 남자의 본질을 무너뜨리는 것이 아니라, 단지 남성의 병적인 증상(포르노, 성희롱, 폭력, 매춘, 강간)만을 억제하는 것이 목표라고 말한다. 그에 비해 요사이 남성에 대한 비판은 너무도 과격하고 전체적으로 행해져서 오로지 극소수의 남자만이 이 맹렬한 비난을 피해 갈 수 있을 거라는 생각이 든다. 드워킨, 매키넌 또는 배리K. Barry가 쓴 책을 읽어 보면, 문제되는 것은 남성 전체이며 그들은 이성애까지도 문제 삼는다.

드워킨과 매키넌의 논리는 포르노 추방 운동을 계기로 발전하였다. 남자를 약탈자와 강간자로 보는 그들의 논리는 다음과 같다.

제1막. 섹스에 대한 여성적 관점을 재정립하기.

지금까지 객관적이라고 내세웠던 '남성적 관점'은 강간과 성관

---

50 미셸 페, 상기인용, pp. 123~124.

계, 성희롱과 정상적인 성적 접근, 포르노 또는 음란물과 에로티시즘의 차이를 아주 명확히 구별했다. 남성적 관점은 구분을 통해 이들을 정의한다. 그러나 여성들은 살아온 환경 때문에 일반적이고 정상적인 상황과 성적 악습을 그렇게 명백히 구분 지을 수 없다. (…) 우리는 통상적인 섹스가 실제로는 종종 강간과 다름없는 경우가 된다고 본다. 이런 상황들이 섹스가 아니라 폭력에 뿌리를 둔 악습이라고 계속 말해왔지만, 강간과 성적 관계, 성희롱과 성에 따른 역할, 포르노와 에로티시즘을 구별해왔던 방식은 예전 방식 그대로 남아 있다.[51]

매키넌은 '이성 간의 가장 평범한 성행위가 사실상 강간이다'라는 의심 또는 확신을 더할 나위 없이 명확하게 표현하고 있다. 같은 글에서 그녀는 강간의 법적 정의가 삽입을 의미하는 것임을 상기시킨다. 그녀의 말에 따르면, 이성애적 성관계가 사회제도로서 정립된 것은 바로 여자의 질 안으로 남자의 성기가 들어간다는 의미의 삽입에 그 뿌리를 두고 있다.[52] 그러므로 남녀 간에는 어떤 본질적 차이도 없다. 그런데 남성적 관점에서 남녀를 구분할 때, 여자들은 자아 상실이 큰 사람들이라 자유롭지 못하면서도 자신들이 자유롭다고 착각하고 있다는 것이다. 그들의 상대가 애인이

---

51 《섹스와 폭력에 대한 전망》(Sex and violence: a perspective), 1981년, 《수정되지 않은 페미니즘》(Feminisme Unmodified), 1987년, p. 86.
52 상동, p. 87.

나 남편 또는 강간자 그 누구이든 간에 여성들은 항상 복종과 억압의 상태에 놓여 있다는 것이다.

제2막. 남근을 고발하기.

이번에는 안드레아 드워킨이 자신이 동성애자임을 밝히면서, 남성 폭력의 주범인 "몇 센티미터밖에 안 되는 그 한 점의 살덩이"[53]에 돌격을 개시한다. 드워킨은 남성성의 표현 그 자체인 폭력적이고 무례하며 전능한 남근을 주제로 자신의 이론을 강박적으로 반복하여 전개한다. "남성문화에서 남근은 일종의 무기로, 특히 펜싱용 긴 칼로 간주된다. 여성의 "질"이라는 단어는 글자 그대로 "칼집"을 의미한다. 남성이 지배하는 사회에서는 생식은 거의 필연적으로 죽음으로 이끄는 힘과 같다. 정액은 여성을 죽음으로 이끄는 잠재적 요인이다. 수세기 전부터 성에 대한 여성의 혐오, 거부, 불감증 (…) 등은 남근의 힘에 대한 여성의 반란을 의미했다. (…) [그러나] 남근에 대한 반감과 남자들이 정의해 놓은 성에 대한 반감을 청교도적인 것으로 봐서는 안 되며, 남성이 여성을 공격하는 데 있어 그들의 중요 공격 수단을 찬양하는 것에 대한 거부로 보아야 한다."[54]

---

53 《포르노, 남자의 여자 소유》(Pornography, Men Possessing Women), 1981년, chap. 2, 〈남자와 남자아이〉(Men and Boys).
54 상동, p. 56.

드워킨은 자신의 친구 매키넌처럼, 그러나 그녀보다 훨씬 더 과감하게, 강간이 이성애 계열에 속한다고 결론지었다. 적어도 남성성의 본질을 깊게 변화시키지 못하는 한 어쩔 수 없다는 것이다.

다음 제 3막에서는 남성다움과 남성다움이 반영되는 성을 교화시키고, 순화시키고, 민주화하는 것만이 약탈자 남성과 무능력한 희생자 여성이라는 끔찍한 대립관계에서 빠져 나올 수 있는 유일한 방법이라고 말한다.

남성적 성 본능을 개화시키기

남자의 성을 공격하는 글이 더 이상 셀 수 없을 만큼 많은 데 비해, 남자의 성이 이래야 한다고 명확히 설명해 주는 글은 드물다. 대개 비판하는 와중에 그 실체를 감지하는 정도이다. 모든 삽입이 가학적인 공격일 때, 드워킨에 따르면 바람직한 섹스란 '질 안으로 침입하기'보다 애무를 우선시하는 섹스이다. 모든 이성애적 행위에 깃든 강간의 위협에서 벗어날 수 있는 섹스는 다음 네 가지 단어로 정의 된다. 내적 친밀감, 애정, 협력, 그리고 감동[55]이다.

한편 플로랑스 몽트레노Florence Montreynaud는 이성애적 섹스에 대해서는 이의를 제기하지 않지만 "마초적" 섹스를 문제 삼으면서, "성에 대한 용어 자체가 너무도 마초주의에 젖어 있어, '질로

---

55 A. 드워킨, 《전쟁지대로 부터 온 편지》(Letters from War Zone), 1993년, p. 169.

들어가는 삽입'을 제외한 모든 성적 쾌락들은 '전희'라고 부른다는 점을 강조한다. 그래서 섹스를 한다는 것은 한 여자를 '소유한다' 또는 '갖는다'가 되어 버린다. 여자를 유혹하는 것은 군사 작전처럼 간주되고, 여자는 요새처럼 자신을 지키려하고, 남자는 '방아쇠를 당긴다'. 그리고 나서는 상황종결이다."[56]

남자들이 이런 식의 섹스를 하는 것이 그들이 서투르고 무지하기 때문이라고 보는 플로랑스 몽트레노의 의견에 반대할 수 있다. 이들이 좋은 애인이 아니라고 해서 반드시 마초는 아니다. 게다가 여자들도 이제는 무기력하거나 의지가 결여된 대상이 아니다. 물리적으로 강요당한 강간과 같은 경우를 제외하면, 여성들은 무엇이 자기에게 적합하지 않은지를 충분히 말할 수 있고, 그런 체험을 반복하지 않을 수 있다. 한편 전희적 애무로 말하자면, 남녀 모두 배워나가면 되는 것이지 드워킨이 주장하는 네 가지 필수 요건이 반드시 있어야만 하는 것도 아니다.

요컨대 그런 주장은 여성의 성 본질에 대해 매우 단면적인 시각을 드러내는 것이 아닐까? 카트린 미예와 다른 많은 여성들은 대다수가 인정한 전형일지라도 너무나 관습에 따른 이런 여성적 전형에 대해 무엇이라고 말할까? 생식 능력을 갖추기 이전의 '아동의 성'으로 복귀하는 것은 말할 것도 없고, 안드레아 드워킨[57]이

---

56 《라뫼트에 온 것을 환영합니다》(Bienvenue dans la Meute), 상기 인용, p. 199.
57 《보수주의 여성》(Rignt-Wing Women), 1993년, chap. 3.

그렇게 바라는 것처럼 남성적 성 본능을 '여성화하기'라는 주장은 어처구니없지 않는가? 남자와 여자 사이의 내적 친밀감과 애정만이 모든 욕망의 처음과 끝은 아니다. 성 충동의 폭력성은 전적으로 남성에게만 해당되는 것도 아니고 필연적으로 강간으로 치닫게 하는 것도 아니다. 하지만 이런 점은 전혀 고려되지 않고 있다. 잠자리에서는 거리낌없이 자신을 지배해 줄 남자를 요구하고, 밖에서는 남자가 자신의 '동업자'이기를 요구하는 폴린 레아주 Pauline Réage소설의 주인공 O와 아무런 공통점도 없는 여성들도 고려되지 않는다.

성 본능의 다양성은 더 이상 증명될 필요가 없게 되고, 성욕의 복잡성에 대해서도 마찬가지이다. 그럼에도 욕망을 길들이려는 고집은 꺾이지 않았다. 이런 의미에서 우리는 프로이트 이전 상태로 복귀하고 있는 것이다. 물론 19세기에는 욕망을 부부관계로만 유도하는 것이 관건이었다. 금기가 남자보다 여자에게 더 준엄하게 적용되긴 했지만 남자든 여자든 혼외정사는 금기였다. 그런데 지금은 우선 남자의 성 본능만을 억제해야 한다고 한다. 새로울 것도 없지만, 아동이나 정신 장애인 등과 같이 자기 스스로를 책임질 수 없는 사람과의 성관계를 금지하기보다[58] 성욕의 합법성

---

58 오늘날 사람들이 어린이 캠프나 정신병동으로 되돌려 보내고 싶어 하는 이들이 바로 매춘부들이다. 이렇게 함으로써, 매춘부는 다시 남성에게는 금지 대상이 되고 완전한 시민으로서의 신분을 박탈당한다.

을 운운한다.

매춘에 대한 토론이 한창인 바로 그 때, 우리를 경악케 한 담론들이 쏟아졌다. '남성적 충동을 자제'해야 한다고 쓴 프랑수아즈 에리티에는 남성적 충동만 '적법성'을 인정받았다고 규탄하면서 자신이 사는 시대와 사회를 착각했다. "지금까지 전혀 논의된 적이 없었던 논점이 하나 있다. 오로지 남성적 충동만이 적법성을 누려왔다는 점이다. 남성의 충동은 인간의 본성에 부합하는 요소로서 꼭 필요한 것으로, 표현될 권리를 가져왔다. 여성적 충동은 이 모든 것이 허락되지 않았고 그 존재 자체도 부정되어왔다. (…) 남성적 충동은 구속받지도 저지되지도 않는다. 난폭하고 야만적인 방법을 사용하지만 않는다면 남성적 충동은 정당한 것이 된다." 1970년대의 페미니즘이 이런 논리 부조화에 이미 종지부를 찍었다고 생각하는데도 이 저자는, '너무나 당연한 사실로 보는 남성적 성 충동의 정당성에 대해 질문을 던지라고 호소하면서, 그 성 충동을 완전히 억압하기(?)—그런 일은 터무니없어 보이지만—위해서가 아니라, 여성의 성 충동이 남성의 성 충동과 동등한 차원에서 그 정당성을 인정받도록 하기 위해서다."[59]라고 말한다.

프랑스인의 성에 관한 다양한 보고서는 이 질문이 이미 제기된 바 있고, 남자와 여자의 성 사이의 균형 회복이 이미 진행 중에 있

---

59 《남성/여성 제2권》, pp. 293~295, 저자 강조.

음을 보여준다. 지금은 여성의 욕망을 억압하는 시대가 아니며, "남성의 탐욕을 물리칠 수 없었거나 물리칠 방법도 알지 못했던 무방비 상태의 여자를 도덕적으로 비난하거나 사회적으로 배척하는 시대"[60]는 더더욱 아니다. 여성적 성 본능을 바라보는 시각에 따르면, 반병을 반이나 차 있다고 보거나 반이나 비어있다고도 볼 수는 있지만 완전히 빈 병이라고는 할 수 없는 것과 같은 것이다.

'성 충동을 억제한다'는 것은 무엇을 의미하는가? 교육과 문화를 통해 우리는 성 충동을 순화시키는 방법을 그런대로 잘 배우고 있다. 법은 상호 책임이라는 제한 안에서 성 충동을 견제하고자 한다. 그러나 우리가 매일 접하는 사회면 기사에서 입증되듯이, 성 충동을 변화시킨다는 것은 너무나 어렵다. 충동의 극점인 성 본능은 결코 완전히 길들일 수가 없다. 성 본능은 유일한 양심에도, 또한 시대에 따라 정의된 그런 도덕적 명령에도 복종하지 않는다. 시민 정신에도 영향 받지 않는다. 그것은 환상적이며 이기적이고 무의식적인 전혀 다른 세상에 속해 있다. 그래서 "이제는 남자들이 자신의 성에 대해 의문을 제기해 볼 때다"[61] 라거나 또는 "평등과 상호존중에 기반을 둔 남녀의 관계에 대해 시민들을 교육시키고, 남자의 성에 대한 케케묵은 시각에서 빠져 나올 때이

---

60 상동, p. 295. 이 논리는 프랑스에서는 문화적 가치와 프랑스의 민주주의 가치를 채택하지 않았던 인구 계층에서만 의미를 갖는다.
61 〈반매춘 시위〉(Manifeste antiprostitution : Québec), 상기인용, p. 13.

다"[62] 라는 글을 만나게 되면 사람들은 꿈꾸기 시작한다. 마치 무슨 패션에 임하듯이 성을 현대화할 수 있다고!

전방위적으로 확대된 토의를 통해 문제해결을 요구하는 한 매춘 폐지론자 여성의 글은 우리를 훨씬 더 놀라게 한다. "각종 단체, 정당 그리고 노조의 남성들이 모두 모여 그들의 성, 그들과 매춘 제도와의 관계 (…) 등에 대해 연구하고, 남성 자신들의 본능, 욕망, 억누를 수 없는 욕구 (…) 등에 대한 해결방안을 제시하고, 여성과 아동에게 행해지는 반복적, 상업적, 강제적 성행위의 폭력을 근절할 수 있는 방안에 대해 고찰할 것을 요구하는 바이다."[63] 그러나 이런 요구는, 마치 전투적인 방식으로 남성의 충동을 길들일 수 있다는 것과 같고, '여성과 아동'을 항상 함께 묶는 것과도 같으며, 사춘기는 더 이상 존재하지 않으며 바로 아동에서 성인이 된다는 것을 말한다(매춘부는 절대로 완전히 성인이 아니므로 여기에서 제외된다). 이는 '올바른 성'을 다수결로 정한 선언문을 채택함으로써 결정하는 것과 같을 것이다. 차라리 남자들에게 매일 상당량의 신경안정제를 의무적으로 복용시키는 편이 나을 것이다!

---

62 《르몽드》, 2003년 1월 16일자, 다니엘 부스케(Danielle Bousquet), 크리스토프 카레셰(Christophe Caresche), 마르틴 리니에르-카수(Martine Lignière-Cassou)의 기고문. 3명 모두 사회당 의원으로 〈폐지론자들에게 찬성!〉 제목으로 《르몽드》 신문에 자유기고 했다.

63 마리-크리스틴 오뱅(Marie-Chrisitine Aubin)의 자유기고, 〈여성의 권리 수호위원회에서 온 편지〉(Lettre de la Commission du droit des femmes), 《남성과 여성의 평등》(Egalité hommes/femmes), 파리 사회주의당 연합, 2002년 10월.

여자 같은 남자 아이들

두 가지 성 중에서 여성적 성이 남성적 성보다 더 바람직하다는 관측이 다소 나타나고 있다. 여성의 '온화함과 애정'은 오래전부터 형성된 남성적 성 본능의 특성인 '폭력성과 지배'와는 거리를 둘 뿐만 아니라, 생리학적으로도 여성이 그런 특성을 가지는 것은 불가능하다. 이 커다란 차이를 줄이기 위해서는 다소 솔직해 보이는 해결책이 필요하다. 그것은 남자의 성을 여자의 성과 결합하는 것이다. 그러기 위해서는 우리의 아들을 딸처럼 키워야할지도 모른다. 크리스티나 호프-서머스는 자신의 책,《남자아이들과의 전쟁The War against Boys》[64]에서, 전형적인 남성상에 대한 전쟁이 당시 미국에서는 이미 시작되었음을 아주 잘 보여주었다. 그 투쟁은 남성다움의 극단적인 면모에 대한 투쟁이 아니라, 모든 폭력의 동기가 된다고 비난된 남성다움 **그 자체**에 대한 투쟁이었다. 게다가, 그녀의 말에 따르면, 이제는 이런 남성다움에 찬사를 보내는 경우는 점점 더 드물어지고 있다. 오히려 그런 남성다움과 연관된 모든 긍정적 가치까지도 함께 자동으로 비난을 받게 되었다고 본다. 예를 들어 남성의 용기와 모험심은 신중함과는 반대인 무분별과, 남성의 힘은 파괴만 일삼는 폭력과, 남성의 쟁취 취향은 비난받아 마땅한 중죄, 즉 정복주의와 연결된다.

---

64 《남자아이들과의 전쟁. 오도된 페미니즘이 우리의 젊은 남자들을 어떻게 망치고 있는가》(The War against Boys. How Misguided Feminisme Is Harming our Young Men), 2000년.

남성다움에 대한 이 개념은 두 가지 관점에서 상당히 큰 피해를 낳는다. 우선 전통적으로 남자에게 부여된 이 특징들은 사실 남성과 여성 모두에 해당된다. 이 특징들을 비난하면 남성에게서만 이를 박탈하는 것이 아니라 여성에게도 금지하게 된다. 여성을 오로지 보호해야할 피해자로만 보는 남녀들은 여성이 '아니오'라고 말할 수 있고, 따귀를 후려칠 수 있다는 것, 즉 물리적으로나 정신적으로 자기 자신을 방어할 수도 있다는 점을 생각하지 못한다. 말없고 수동적이며 순종적인 여성의 이미지는 학교에서 이루어지는 호신술 수련과는 아주 동떨어져있다. 뒤이어 1970~1980년대의 페미니스트의 상당수가 성별이 없는 교육을 자신들의 단호한 이데올로기에 맞추어 행하다가 혹독한 실패를 경험했다. 가정에서 여자와 남자의 일을 구분해서는 안 된다는 그런 종류의 교육이 아니었다. 어린 여자아이와 남자아이에게 똑같은 장난감을 주고, 똑같은 활동을 하도록 하고, 똑같은 동일화 대상을 강요한 것은 부조리하고도 위험한 일이다. 성 정체성을 배우는 것은 아주 중요한 일이며, 이런 주장이 어떤 이들에게는 마음에 들지 않을지도 모르지만 성 정체성은 대립적 개념과 희화화, 그리고 상투적 표현들을 통해 습득된다. 성 정체성이 남자아이들에게 고통이 되어서는 안 되며[65], 오히려 습득된 성 정체성은 차후 이성과 맺게 될 관계에

---

65 윌리엄 폴락(William Pollack)(하버드 의대)과 로널드 레반트(Ronald F. Levant)
(보스톤 대학 심리학), C. 호프 서머스(C. Hoff-Sommers)에 의해 인용.

서 필요한 조건이 된다. 남성적 정체성에 대한 자각이 더 이상 문제 되지 않을 때[66] 비로소 경계가 무너지고 합의가 태어날 수 있다. 남성과 여성의 유사성은 도착점에 가서야 생기는 것이지 출발점에서 생기는 것은 분명 아니다. 교육은 모든 것을 가능하게 하며, 곰들도 춤추게 만드는 것이라고 라이프니츠는 말했다. 그러나 남자아이는 곰이 아니며 성 정체성을 획득하는 과정을 가볍게 여겨서는 안 된다.

이런 이유로 여성적 성 본능에 맞추어 남성적 성 본능을 조정해야 한다거나 육체를 길들여야 한다고 하는 말들이 여기저기서 들리면 우려할 수밖에 없다. 예를 들어 남자도 여자처럼 앉아서 소변을 보게 해야 한다는 주장에 대해서는 어떻게 생각해야 하나? 이 기발한 생각은 단지 베를린의 비정규직 여성들의 경우만은 아니었다. 《리베라시옹》지의 1998년 기사 내용은 다음과 같다. "이 여성들은 베를린의 화장실에, 서서 소변보는 남자를 그린 다음 굵고 붉은 줄로 여러 번 그은 경고판을 붙였다. 서서 오줌을 갈겨서 화장실을 물바다로 만든다고 판단되므로 변기에 앉아서 일을 볼 것을 촉구함."[67] 스웨덴에서도 같은 이야기가 들렸는데, 위생에 민감한 일부 페미니스트들이 남자아이에게 여자아이처럼 앉아서 소

---

66 엘리자베트 바댕테르, 《XY. 남성 본질에 관하여》(XY. DE l'identité masculine), 1992년.
67 로렌 밀로(Lorraine Millot)의 기사, 1998년 4월 13일, 〈독일 여성, 인종 차별주의에 대항한 여성 해방주의 투쟁에 관하여〉

변을 보도록 가르치는 것이 양식에 맞는다고 본 것이다. 1996년에 이미, 화가 난 한 남성이《예테보리스포텐Göteborgspoten》지에 '자신의 사랑하는 아들을 변기에 앉아 소변을 보도록 강요하는 이 잔인한 어머니들을 폭로하는 항의글을 썼다. 영국의《스털링 타임스Sterling Times》지는 2000년 4월 스웨덴의 신세대와 관련된 현상에 대해 장문의 기사를 실었다. 그 중에서도 스톡홀름 대학교의 한 페미니스트 그룹이 남자 소변기를 없애자는 캠페인을 벌인다는 내용을 특별히 다루었다. 서서 소변을 보는 것이 저속함의 절정이고 암시적 폭력, 즉 위험한 마초적 행위로 간주된 것이다. 그 당시에 남자들은 얼굴을 찡그리며 불쾌해했으나, 거기에 반대할 엄두는 내지 못했다. 많은 젊은 아버지들은 그들의 아내 때문에 자신의 아들에게 여성의 몸에 적합한 이 새로운 기술을 가르쳐야만 한다고 생각하게 되었다.

우리는 이 사실에 대해 웃어넘길 수도 있고, 다소 부드럽게 표현된 중에도 분명히 폭력성이 있다고 할 수도 있다. 사실 사미아 이사Samia Issa가 상기시킨 레바논의 팔레스타인 망명자 수용소의 폭력[68]과 대칭을 이루는 같은 맥락의 폭력일 수도 있다. 이 수용소에서 남자들은 여성들이 끼치는 선정적인 파급효과를 운운 하

---

68 《두 개의 압박 사이의 여자들》(Des femmes entre deux oppositions), 〈여성, 그들은 무엇을 원하는가?〉(Les Femmes, mais qu'est-ce qu'elles veulent?) 앙리 르리에브르(Henri Lelièvre) 감수, 2001년, p. 121.

면서 여자 화장실을 없애버렸다. 여자들은 비닐 봉투를 사용해야만 했다. 이런 경우는 분명 남성 지배라고 말할 수 있다. 그렇다면 앞의 경우는 여성 지배라고 과연 말할 수 있을까?

성 문제에 있어서 현재의 방어적 페미니즘은 완전히 이중의 모순에 빠져있다. 이들은 여성의 성 해방에 대해서는 일언반구도 없이, 남자의 성을 제한하는 점점 더 엄격한 틀을 주장하면서 그 여파로 여성의 성까지 제한하게 된다. 성범죄 개념이 점차 확대되고 몇 년 전부터 처벌이 자리 잡았다. 그러면서 신세대가 향유하는 성적 자유(남용으로 보는 이들도 있지만)와 정반대되는, 합법적이고 도덕적이며 신성화된 섹스가 모습을 드러낸다. 게다가, 남녀 차별주의를 마다하지 않은 이 페미니즘은 성의 유사성이 존재하지 않는 바로 그런 곳에서 유사성을 주장하고 있다. 남성의 **통치권**imperium에 대항하는 투쟁은 피할 수 없는 일이다. 그러나 전통적인 여성성에 남성을 끼워 맞추기 위해 남성성을 파괴하는 것은 착오거나 실수다. 남자를 변화시키는 것이 남자를 없애버리자는 의미가 아니다. '하나'와 '다른 하나'가 같이 존립하는 조건이라야 '하나'는 '다른 하나'가 될 수 있다.*

---

* 하나와 다른 하나가 같이 존립하는 조건이라야, 하나와 다른 하나는 분리를 뛰어넘어 평등을 토대로 연대로 나아갈 수 있다는 뜻.

CHAPTER IV

퇴보

어떤 성향의 페미니즘이든, 페미니즘의 일차적 목적은 남녀 간의 평등을 정립하자는 것이지 남녀관계를 개선하자는 것이 아니다. 사람들은 종종 목표와 그에 따른 결과가 서로 같은 방향을 향해 간다고 믿고 싶어 하나, 이 둘을 혼동해서는 안 된다. 평등이란 개념과 평등에 이르기 위한 수단에 관한 한 페미니스트들의 의견이 불일치하는 것은, 이들이 남녀 관계를 아주 다른 관점에서 보고 있기 때문이란 것이 명백히 드러난다. 어떤 페미니스트는 남자와의 결탁이 필수라 생각하는 반면, 부차적이거나 불가능하다고 보는 페미니스트도 있다.

아무튼, 페미니스트의 모든 주장은 우선으로 여성 대중을 향한다. 그리고 이런 이론가의 이념적 투쟁을 행동으로 옮겨야 하고 그 투쟁에 따른 결과를 가장 먼저 감수해야하는 것도 바로 이 여성들이다. 그런데 대부분의 여성은 남자와의 관계를 위험에 빠뜨리지 않는 한에서 평등을 이루어 나가는 것만이 여성의 조건을 개선시킬 수 있는 유일한 방법이라고 생각한다. 주인으로부터 특권을 빼앗기 위해서는 저항을 하고 으르렁거려야만 한다는 걸 알고는 있지만, '한 성이 고통스러워할 때는 다른 성도 역시 고통스러워하게 된다'는 마거릿 미드Margaret Mead의 이야기가 옳다는 것도 알고 있다. 발전 속도가 너무 느리다고 생각하는 여자도 있고, 전리품 분배가 너무 빠르다고 생각하는 여자도 있지만, 대부분의 여성과 남성은 함께, 그리고 보다 더 나은 삶을 살기를 원한다. 다시 말하면 급진적 페미니즘의 주장은 관철될 가망성이 거의 없다는 뜻도 된다.

지금, 그간 15년 동안 지배적이었던 페미니즘 흐름에 대해 총결산해 볼 때, 문제점을 돌아보게 된다. 사회 전반의 변화에 발맞추어, 페미니즘은 때로 남녀의 차이를 내세우거나* 때로는 희생자 측면을 부각시켰으며, 때로는 두 가지 모두에 호소해왔다. 프랑스 좌파와 우파 정당에서, 유럽의 법정 또는 세계적 연대 속에서 자리 잡은 이들의 신조를 요약하면 다음과 같다. 여성은 항상 남성의 희생자이고, 따라서 특별한 보호를 요한다. 여성은 본질적으로 남성과는 다르고 남녀평등은 이 차이점을 고려해야만 한다.

이 두 가지 전제는 종종 불가분의 관계를 유지하면서 유럽연합

---

* 차별주의(Différentialisme): 생물학적 요소와 사회적 요소가 어떤 상호작용을 통해 남녀의 차이를 만들어내는지에 대한 시각에서 출발하였으나 점차 모성 본능과 같은 생리학적 차이를 부각시키는 왜곡된 방향으로 나아가고 있음을 저자는 고발하고 있다.

전 지역에서 승승장구하며, 남녀 관계의 표본과 남녀평등 개념을 그려낸다. 이제 그 결과를 평가해야 한다. 오늘날의 남녀 관계는 어떠한가? 생물학적 차이를 다시 영광스럽게 회복시킨 페미니즘이 여성 해방에 유리한가 아니면 불리한가?

우리 각자가 서로 피해자라고 생각할 때

눈을 감고 못 본 체해도 소용이 없다. 최근 몇 년간 남자와 여자의 관계는 거의 발전하지 않았다. 심지어 어쩌면, 개인주의도 한몫 거들면서, 더 악화되었다고 본다. 분쟁은 해소되지 않았을 뿐더러 더 심각해졌다. 여성은 큰소리로, 남성은 나지막이 중얼거린다는 것만 다를 뿐, 남녀 모두 서로 피해자를 자처한다.

여성들은 여전히 불공평하게 분배되는 권력과 의무에 대해 무기력과 분노를 표출한다. 남성들은 자신들의 모든 고유성이 박탈당했으며 모순된 기대를 충족시켜야 하는 대상이 되었다고 생각한다. 그들에게 그들의 할아버지의 미덕인 보호 능력, 용기, 책임감을 간직하라고 요구받는 동시에 그들의 할머니의 미덕인 경청, 애정, 동정심을 배우라고 요구받고 있다. 요컨대, 남성은 예전의 남자처럼 행동하고, 심지어는 남자에게 명령하기를 주저하지 않는 요즘 여자를 보면서 정체성의 혼란에서 오는 불쾌감을 자주 느끼고 있다. 말 자체로도 또는 비유적으로도 명령받는 것 같고, 개인적으로도 사회적으로도 그렇게 느껴진다.

남녀 관계를 일반화시켜 모두에게 적용하는 것은 경계해야 한다. 남녀 관계는 사회 계층과 세대에 따라 완전히 다를 수 있기[1] 때문이다. 경제적으로 가장 빈곤한 대도시 변두리 지역 여성과 중상류층의 여성을 같은 조건에서 놓고 보는 것은 적절치 않다. 아무런 부연 설명도 없이 **남성 전체**가 가해자가 되고 **여성 전체**가 희생자가 되는 일반화는 옳지 않다. 현실은 끝없이 더 복잡하기 때문에, 남성 여성 모두 서로 상대방의 피해자라고 할 만한 이유가 다 있는 것이다.

페미니즘 사상이 강력하게 부상한 것은 15여 년 전[1980년대 후반]부터라고 볼 수 있다. 페미니즘이 자신의 사고방식을 사회 전반에 강요하고 정치 집회에서 여성보호법을 제정하도록 강요하던 시기가 역설적이게도 희생자로서의 여성들이라는 주제를 발전시킨 때와 바로 맞물린다. 강간에 대한 처벌을 강화시킨 이후, 무엇보다도 남자를 겨냥하는 (성희롱, 16~17세와의 성매매에 관한) 새로운 성범죄 처벌법들이 제정되었고, 여성을 고려한 법안(성[姓]을 쓸 때 부계 쪽 성 또는 부모의 두 성을 동등하게 쓰기)이 통과되었다. 여기서 이러한 조치들을 언급한 것은 그 합당성을 논하자는 것이 아니라 무시할 수 없는 세력권으로 들어온 페미니즘의 실제 위력을 강조하기 위해서이다. 게다가 이 모든 법령이 매스컴

---

1 《엘르》, 2003년 3월 10일자.

의 강한 지지를 받았으며 종종 정식으로 남성 자체를 문제 삼았다. 여기에 대해 남성들의 이의 제기는 전혀 없었지만, 이들 남성 진영 내에서 곧잘 스스로를 '무능한 희생자'라고 말하는 여성들이 그렇게까지 무능하지만은 않다는 생각이 싹트고 있다.[2]

변호의 여지가 없는 남성 특권의 종말은 어쩔 수 없더라도, 사생활에까지 풍기문란죄가 적용된다는 것과 특히 남성 전체가 느끼는 집단적 죄의식의 확산이 남자들에게는 점점 더 참을 수 없는 일로 나타난다. 매년 3월 8일, 세계 여성의 날을 기념하여《엘르》[3]지에 게재된 남성들의 현재 상태를 보면, 그다지 기뻐할 수 없는 이유를 알 수 있다.

획일적인 사고방식의 굴레를 어쩌다가 내려놓게 된 남자들은 세대를 불문하고 지난 30년의 큰 승리자는 여성이라고 여기며, 여성에게 불만을 갖고 분개하고 있다고 주저 없이 말한다. 소유권을 박탈당하고 어찌할 바를 모르며, 비통하고 불안해진 그들은 최악의 악몽에 시달리고 있다. 남성들은 자신이 앞으로는 물건과 다름없는 남자, 거세된 남자로서 자식을 낳는 일에 있어서까지도 무용지물이 될 거라고 생각한다. 나이 많은 남자들은 남자들을 KO시킨 '여자 챔피언'에 대해 말하고, 젊은 남자들은 '여성 지배'를 운

---

2 몇 년 전부터 사법연수원에서는 남자 연수생에 비해 압도적으로 많은 여자 연수생들이 법관이 되고 특히 가정 문제, 아이 양육문제 등을 전담하는 판사가 된다는 것을 볼 때에는 이런 느낌이 더욱 강하게 든다.
3 2003년 3월 10일자, No. 2984.

운한다. 모두가 자신들의 새로운 경쟁자인 여성을 다소 두려워한다.

이 이례적인 설문 조사를 읽다보면, 남자들은 대체로 그들에게 강요된 변화 때문에 희생되었으며, 자신들이 부당하게 비난받고 있다고 생각한다는 것을 알 수 있다. 그들은 여성들에게 절대적 힘을 주었으나, 여성 자신들은 그것을 인정하지 않는다는 것이다. 사실 페미니즘은 이데올로기 전투에서 승리했다. 오늘날의 페미니즘은 윤리적 힘과 죄의식을 느끼게 하는 힘을 갖고 있다. 그러나 남성들은 다른 사람들을 좌지우지할 수 있는 힘은 빼앗기고 싶지 않아서 자신들이 여전히 쥐고 있는 경제권과 재정권에 대해서는 모르는 체 하고 있다.

이쯤에서 남자보다 교육 수준이 훨씬 높음에도[4] 여성 실업률이 남성 실업률보다 훨씬 더 높다는 것을 다시 한 번 상기할 필요가 있다. 동등한 교육 수준을 가진 남녀 간의 급여 차이는 여전히 여성을 제물 삼아 그 격차가 더 벌어지고 있으며, 프랑스 상위 기업 5,000개 사에서 여성 간부는 8%에 그치고, 프랑스 상위 대기업

---

* 1970년대에 미국에서 생긴 용어로 모든 사회구조 안에서 여성이 최고의 직위에 오를 수 없도록 방해하는 고의적으로 만들어진 보이지 않는 한계를 말한다. 최근에는 '유리천장' 보다 먼저 존재하는 '유리벽'에 대해서도 언급되고 있다. 예를 들어 남성 신입사원은 요직 부서로 배치되어 회사 내의 중요 인맥과 정보 같은 승진에 필요한 조건을 획득하면서, 여성은 한직 부서로 돌려 아예 그런 기회를 가질 수 없도록 만드는 상황을 '유리벽' 상황이라고 할 수 있다.

4 현재 고등학교 남녀 비율은 남학생 100명당 여학생 120명이며, 전일제 근무 여성 직장인은 그들의 남성 동료들에 비해 평균적으로 교육 수준이 더 높다. 도미니크 메다 (Dominique Méda), 《여성 시대》(Le Temps des femmes), 2001년.

120개 회사의 이사 5.26%만이 여성에 할애된 것만 보아도, '유리천장'*이 꾸며낸 이야기가 아니라는 것을 알 수 있다.[5] 결국 많은 남자들이 자신들의 경제적 우월성을 내세워 가족과 가사에서 필수적인 의무를 배우자에게 모두 떠넘기고 있다는 사실을 잊어서는 안 될 것이다.

개별로 만나본 남자들은 이런 현상에 대해 죄책감을 느끼기보다는 남성 전체에게 쏟아지는 도덕적 비난만 기억하고 있었다. 폭력과 남성 지배에 관해서 이야기할 때는 대부분의 남자들은 자신들과는 상관없는 일이라고 말했다. 여성이 남성에게 새로운 성도덕을 부여해야 한다고 주장할 때면, 아무도 원하지 않는 '남녀 분리주의'가 생각보다 그렇게 멀리 있지 않다는 것을 알게 된다. 따라서 다음과 같은 질문을 해 봐야 한다.

'여성의 희생자화'가 잘못된 방향에서 소비되었던 것은 아닌가? 그보다는 불평등으로 얼룩진 모든 분야에서, 즉 사적, 공적, 직업상의 모든 영역에서 단계적으로 투쟁하는 것이 더 낫지 않았을까?[6] 다시 말해 남성들을 공격하기보다, 이 영역들에서의 부당함을 폭로하기 위해 거리로 뛰쳐나가는 것이 차라리 낫지 않았을까?

---

5 《여성의 행동》(Action de femme) 연구자료, 〈프랑스 최고 40대 상장기업, 120개 파리 주식시장 상장기업, 제1시장, 프랑스 2백 개 기업 이사회의 여성들〉, 2003년 3월 8일.

6 이 점에 대해서는 《노동 시장과 젠더 그룹》(Groupe marchés du travail et genre)(Mage)의 탁월한 분석을 참조할 것, 마르가레 마뤼아니(Margaret Maruani) 감수.

남녀 차이가 법적 효력을 지닐 때

오늘날의 페미니즘은 여성들의 지위가 어떤 식으로 발전되었는지까지 사실대로 여성들에게 알려야 한다. 보편주의 페미니즘과는 반대로 오늘날의 페미니즘은 남녀평등 개념을 말소시켰고, 좋든 싫든 간에 생물학을 앞세워 남녀차이를 강조하면서 대규모 반격을 가했다. 여성의 생물학적인 본성에 대한 이런 식의 찬양은 사회적이고 문화적인 투쟁을 약화시키는 결과를 가져왔다. 여성의 이미지는 예전의 틀을 되찾았고, 많은 사람들이 이에 대해 만족하는 듯하다.

여성을 방어 능력이 없는 피해자인 어린이로 보는 시각과, 남녀동등성 실현의 필요에 의해 여성을 어머니로 보는 시각, 그 두 시각 사이에서 우리가 그렇게도 꿈꿔왔던 이상형인 자유로운 여성이 설 자리는 어디에 있는가? 매일같이 여성적 본성을 내세우며 남성적 '문화'와 대립시키는 판을 되풀이해서 짜는 사고체계에서 이 이상형이 더는 필요 없을 수도 있겠지만. 결국 여성은 자신의 생물학적 본성 속에 갇히게 되고, 문화를 주도하도록 요구되는 것은 남성이 된다. 여성적 본성의 강조는 아주 모순적인 메시지를 담고 있다. 이 모순적인 메시지 때문에 일부 여성들은 길을 잃고 헤매게 되고, 또 어떤 여성들은 격분한다. 왜냐하면 사실 이 메시지는 가만히 있어도 큰 이익을 취하는 남자들에 의해 묵인된 메시지이기 때문이다.

지난 10여 년간 페미니즘이 이룩한 가장 큰 발전은 본성의 개

넘을 과감하게 해체했기 때문에 가능한 것이었다. 타고난 본성을 부인하자는 것이 아니라, 제자리로 돌려놓자는 것이었다. 그 결과 전통적 역할이 젠더*를 결정지었던 때에 비해 남녀 각자는 유례없는 자유를 누리게 되었다. 이와 같이 여성의 조건을 변화시키고, 동성애에 가해진 모욕도 벗게 해준 것은 바로 1990년대 이전의 문화주의적이고 보편주의적인 이 철학이었다. 그리하여 우리는 생물학적 성별, 젠더와 성 본능이 인간의 운명을 미리 결정짓는 것이 아니라는 것을 알게 되었다.

그런데 이런 이야기는 이제 통하지 않는다. 최근 10년 동안 일어난 두 가지 사건은 여성뿐만이 아니라 사회전체에 남녀가 다르다는 것을 강력하게 알리는 신호가 되었다. 이 두 신호는 서로 밀접한 관계는 아니지만, 한편으로는 여성이 남성과 똑같은 권리와 의무를 갖고 있지 않음을, 다른 한편으로는 여성이 남성과는 별개의 공동체를 구성하고 있음을 생각하게 하는 계기가 되었다는 공통점이 있다.

첫 번째 신호는 학교 내에서 이슬람교도 여학생들에게 머릿수건 착용을 허락한 것이고 두 번째 신호는 적극적 우대조치를 정당화하기 위해 남성과 여성의 차이점을 헌법상에 명문화했다는 것이다. 첫 번째 경우, 페미니스트들의 항의는 없었다. 두 번째 경우, 바로 이들 페미니스트들 덕분에 남녀 간의 생물학적 차이와 이로

---

* 사회와 문화를 함축하는 사회학적 의미의 성.

인한 남녀 역할의 특수성이 예전에 누렸던 영광을 되찾게 되었다.

문화 상대주의에서 성적 특정주의*로

모든 것은 1970~1980년대에 법의 보편성에 이의를 제기하면서
부터 시작되었다. 보편성이란 것이 실제로는 중립성이라는 허울
아래 감춰진 권력자의 이익만을 대변하기 때문에 허위라고 판단
되었다. 이데올로기적 상부구조에 대한 마르크스적 비판과 레비-
스트로스Lévi-Strauss**적 인류학에 의한 자민족중심주의에 대한
규탄 사이에서, 보편성은 이제 역사의 휴지통으로 버려졌다. 의미
가 없어진 법, 정당성이 박탈당한 법은 이제 권위를 상실하게 된
것이다.

　가장 먼저 '인권선언'이 표적이 되었다. 인권선언은 오로지 서양
문화와 유대-기독교적 가치만을 표현한다고 비난받았다. 어떤 이
들은 인권선언에 제국주의적 요소가 있다고 보며 다른 문화에 대
한 존중을 위해 여기에 맞서 싸워야 한다고 했다. 이러한 문화 상
대주의는 정치권으로 대거 그 영향력이 확대되었고, 성 평등은 그

---

* 　성적 특정주의(Particularisme sexuel). 각 성의 보편성보다 특수성을 강조하며 구
　분 짓는 것. 배타주의, 자기중심주의, 분립주의라고도 할 수 있다.
** 구조주의 개체, 특히 인간에 대한 구조의 우월성을 주장하는 체계. 경제적(마르크스),
　사회적, 그리고 민족적(레비-스트로스), 정신분석적(라캉) 또는 언어 구조에 비해 인
　간 개체는 부차적인 것이라고 주장하는 모든 이론. 개인주의와 특히 실존주의(푸코)
　에 대한 반발에서 출발함.

피해자가 되었다. 첫 번째 공세는 아프리카 출신 이민 노동자들의 가족을 프랑스로 불러오는 문제가 제기된 때였다. 일부다처제와 어린 소녀들의 할례에 대한 권리가 학구적으로 토론되었다. 아프리카에 대해 본래 혐오감을 갖고 있는 데다 통찰력마저 부재한 많은 사람들이 외국인의 관습을 진중하게 존중하라고 목청을 드높였다. 프랑스 거주 아프리카 소녀들이 자신들에게 프랑스 법을 적용해 달라고 아무리 애원을 해도 소용이 없었으며, 고매한 문화 상대주의 신봉자들은 못 들은 체 했다. 수년 동안 우리는 이 외국인 이민자들에게 프랑스 법을 가르치지 않았을 뿐만 아니라, 전적으로 법에 저촉되는 관행들 앞에서 눈을 감았다. 국가와 각종 국가 기관을 대표하는 사람들은 외국 문화에 대해 관대하지 못한 사람으로 낙인찍힐까 너무도 두려워한 나머지, 그로 인해 희생자들이 어떤 희생을 치를지라도 그런 문화적 차이점에 경배를 표했다. 브누와트 그룰Benoîte Groult과 몇몇 페미니스트들, 그리고 법조인들은 참을 수 없는 그런 관용의 정신과 계속 싸우기 위해서 실제로 많은 용기와 소신이 필요했다. 그 문화 상대주의 신봉자들은 죄책감을 느끼게 하는 이런 주장들을 몇 년 부르짖더니, 이 지뢰밭을 버리고, 잘못했다는 말 한마디 없이 다른 지뢰밭을 찾아 훌쩍 떠나버렸다.

보편주의가 처음으로 대패하고, 처음으로 남자와 여자의 신분상의 차이가 인정된 계기는 바로 1989년 이슬람교 여성들의 히잡에 대한 논쟁이었다. 젊은 이슬람교 여성들의 머릿수건 착용이라는 별로 심각해 보이지 않는 이 사건은 두 가지 위반행위를 내포하고 있었으며 서로서로 그 위반행위를 은폐하고 있었다. 실제로 이것은 전통적인 정교분리 원칙에 대한 도전일 뿐만 아니라, 여성의 본성이라는 명목하에 여성에게 가해지는 여성 고유의 의무를 주장하는 것이기도 했다. 부모들이 조장했든 아니든, 과감히 머릿수건을 쓰는 여자아이들은 그런 행동이 의미하는 바를 전혀 의식하지 못했을 수도 있으나, 그 누구도 그녀들이 양성평등 사고를 위험에 빠뜨리고 있고, 결과적으로 자신이 속한 이슬람 공동체 내의 여성 해방을 저해하고 있다는 것을 그녀들에게 설명하지 않았다. 오히려 많은 이들이 머릿수건 착용의 자유만을 보면서 머릿수건이 복종의 상징임을 잊어버리려 애썼다. 누군가는 그 자유를 관용이라고 또 누군가는 존중이라고 칭했다.

근본주의 경향으로 강요되는 머릿수건 착용은 여성이 욕망의 대상이 되지 않도록 머리카락을 감춰야 한다는 것을 의미한다. 그것은 가족의 일원이 아닌 모든 남자들에게 이 여성이 접근 불가능하고, 손댈 수 없는 존재라는 표시이다. 머릿수건 없는 여자는 선정적일 뿐만 아니라, 그런 선정적 도발과 그에 따른 결과에 책임을 져야한다. 대번에 여자는 불결한 욕망을 부추겼기 때문에 죄인이 되고, 남자가 욕망을 느끼는 것은 정당한 것이 된다. 여성의 몸은 남성의 몸과 같은 가치를 가지지 못한다. 여성의 몸은 위협이 되니 성적 특성을 없애고 도발하지 않도록 감춰야 한다. 프랑스 여고생들의 머릿수건과 아프카니스탄 여성들의 부르카*는 그 상징하는 의미가 같다. '내 것으로 만들지 않도록 내가 볼 수 없게 그 몸을 감추시오.' 근본주의는 각 사회마다 그 정도가 반드시 똑같지 않을 뿐 어디서나 존재한다.

공립학교에서 머릿수건을 써도 된다고 허용하면서, 프랑스 공화국과 프랑스 민주주의는 관용정신에 대한 존경심은 증명했으나, 자국 내에서 양성평등의 요구는 확실히 포기한 셈이다. 이들은 모두가 정반대로 알아들었을, '여러분의 딸자식은 마음대로 하시오, 더 이상 우리가 상관할 바가 아니오'라는 강력한 메시지를 던진 것이기도 했다. 그런데 그 당시 정부는 상대주의 교리의 영향을 받아서인지 그런 포기가 옳다고 생각했다. 더욱 이상한 것은, 페미니즘 인사들의 침묵이었고 오히려 그들은 사람들이 대수롭지 않은 일에 요란을 떤다고 생각하는 듯 했다. '분개할수록 도발을 부추길 테고, 그럴수록 극우파에게 득이 될 것이다'가 페미니스트들의 행동지침이었다. 머릿수건 착용 반대자들은 르펜Le Pen**과 연루될세라 침묵할 수밖에 없었다. 그런데 머릿수건 착용은, 곧 사그라질 거라 예상했던 것과는 달리, 일종의 집결 표지처럼 또는 공화주의 가치에 도전장을 던지는 것처럼 도처로 확산되

---

* 온 몸을 감추는 검정색 차도르, 눈 주위의 조그마한 창을 통해 밖을 볼 수 있으나, 밖에서는 여성의 눈을 볼 수 없도록 망사로 되어있음. 얼굴은 물론 신체 어느 한 부위도 노출시켜서는 안 된다는 이슬람 근본주의로 무장한 탈레반 정권의 강제에 의한 것이다.

** 프랑스 극우 정당 국민연합(Rassemblement national)의 당수. 외국인, 특히 북아프리카의 이슬람교도들이 프랑스를 망가뜨리고 있다고 주장하면서 프랑스를 프랑스 사람들에게 온전하게 돌려주어야 한다고 주장하는 극단적인 민족주의자.

었다.

반대자들은 이런 포기의 결과에 대해서는 전혀 생각하지 못했다. 머릿수건은 빙산의 일각이었다. 머릿수건 착용과 더불어, 대다수가 이슬람교도인 지역에서는 여자아이에 대한 새로운 개념이 당당하게 자리 잡아 갔다. 그런 현실은 요즘 대도시 주변지역의 소녀들에 의해 드러나고 있다. 그녀들이 "우리는 창녀도 아니지만 순종적인 여자도 아니다!'[7]라고 말하는 까닭은, 10년 전부터 바로 창녀 아니면 순종적인 여자라는 두 가지 시각으로 그녀들을 보고 있는 경향 때문이다. 만일 이 여자아이들이 자신에게 주어진 권리를 주장하면서 다른 보통의 프랑스 여자들처럼 살아가기를 선택하면 남자아이들의 거친 태도와 폭력을 감당해야 한다. 그렇지 않으면 가정이라는 감옥에 그녀들을 가두어버리는 남성들의 법을 따라야 한다.

'해방자'라는 구호를 내걸었던 단체[8]의 회장인 파델라 아마라 Fadela Amara는 38세의 여성으로서 다음과 같은 고통스러운 사실을 토로했다. "페미니스트의 메시지가 전혀 침투하지 못했던 지역에서는 여성의 지위가 퇴보했고, 그 결과 여자아이들에게 가해지는 폭력, 강제 결혼, 남자아이들의 성희롱이 다시 만연했다. 가정

---

7   이들이 오늘날의 페미니즘에서 자신들과의 공통점을 찾을 수 없다며 페미니스트라고
     불리기를 거부할지라도, '여성들의 행진'에 참가한 모든 여성들은 제1세대 페미니즘
     과는 일치함을 표명한다.

8   La Fédération nationale des maisons des potes. (직역하면 '친구들의 집 국
     가 연맹'이라는 뜻)

이나 지역 내에서도 성에 대해 언급도 하지 못한다. 담배를 피울 수도 없다. 치마도 입을 수도 없다. 남자아이들과 데이트도 할 수 없고, 데이트라도 하게 되면 잡년이나 매춘부로 찍힌다. 대화에 참여할 수도 없다. 여자아이들에게는 언제나 "집에나 가" 또는 "꺼져"라고 말하기 때문이다. 여학생들은 자퇴를 강요당한다. '공부하는 마그레브의 젊은 여성'이라는 이미지는 공중분해 되어버렸다."[9]

일부 구역에서는 남녀 관계가 믿을 수 없을 정도로 악화되었다. "몇 년 전부터 나의 언니와 여동생, 여자 사촌, 나의 여자 친구들이 이런 폭력을 겪고 있다. 정말로 퇴보되었다. 전에는(그것이 언제 적인지?), 연대의식 같은 것이 있었는데, 지금 우리 젊은 여성들은 몸을 피하거나, 벽에 바짝 붙어서 걸어간다"[10]고 28세 여성인 사피아는 고백한다. 자신이 독실한 이슬람교 신자라고 밝힌 파델라 아마라는, "마그레브 가정에서는 억압수단이 훨씬 더 강하다. **근본주의적 경향은 남자아이들에게 즉각 영향을 미친다.** 여자인 형제와 이웃들에 대한 폭행으로 바로 나타난다"[11]고 말한다. 이런 인식은 현재 대학교에서 경제학 석사 과정을 밟고 있는 카이나Kahina에 의해서도 확인된다. 그녀의 자매 소안 벤지안Sohane Benziane은 비트리-쉬르-센Vitry-sur Seine*에서 동네 불량배들에 의

---

* 파리 남쪽 외곽도시.
9 《리베라시옹》, 2003년 1월 31일자.
10 상동.
11 상동. 저자 강조.

해 산 채로 불에 타 죽었다. "어떤 학설이 여자가 남자에 비해 열등하다고 말하는 그 순간부터, 걷잡을 수 없는 범람이 일어나게 된다. 그리고 머릿수건 착용에 대한 논쟁은 정말 터무니없다고 본다. 이슬람교도 다른 모든 종교와 똑같이 취급되어야한다. (…) **학교에서는 머릿수건을 금지해야 한다.**"[12]

프랑스 공화국은 아주 열악한 동네들만 포기한 것이 아니다. 프랑스는 특정 집단의 압력에 굴복하며, 차별주의 이념을 받아들이면서, 자신의 품안에서 여성 억압이 용납할 수 없을 정도로 점차 확대되어가는데도 그대로 방치했다. 이제는 상황을 역전시키고, 이러한 재앙을 만들어낸 이념을 포기해야 할 때가 왔다. 어떤 종교도, 어떤 문화도 양성평등을 반대하는 결정권을 가질 수 없다는 것을 상기시킬 때이다. 원하든 원하지 않든, 양성평등을 더 잘 보장하려면 모든 예외를 인정하는 상대주의보다는 모두가 지켜야 하는 보편적인 법에 근거를 두어야 할 것이다.

성적 특정주의를 주장하는 페미니스트들 중에는 성적 특정주의가 여성 해방에 결정적으로 기여했다고 생각할 정도로 이에 대해 확신을 가진 이들도 있었다. 이것은 보편주의의 두 번째 패배였으며, 어쩌면 여성의 패주를 알리고 있었는지도 모른다.

1999년에 일부 남녀동등주의자들은 남녀이원주의가 헌법상에서 인정받도록 하기 위해 오로지 생물학적 차이를 우선시하고 그

---

12 《엘르》, 2003년 2월 3일자.

생물학적 특수성만을 부각시키려는 왜곡된 사고에 빠졌다. 보편적인 것은 남성적이라고 비난했고, 인간성은 이를 추상화시킨 것이라고 비난했다. 혼합형 보편성, 이원적 인간성이 등장했다. 용어 자체의 모순에 대해서는 개의치 않았다. 인종과 성별의 차이를 초월하여 모든 인간을 결합시키는 인간성의 개념은 이제 퇴장했고, 보편성의 개념은 아예 그 내용 자체가 없어져 버렸다.

그러나 이것이 가장 심각한 문제는 아니다. 개념을 왜곡되게 분석한다고 개념 자체가 없어지는 것은 아니기 때문이다. 분석을 주도하는 사고체계가 '여성'과 '남녀 관계'에 대해 이미 특정 관점을 전제하고 있다는 점이 오히려 문제가 된다.

생물학적 차이에 따른 남녀 역할의 구분

생물학적 차이가 인류를 분류하는 최종적인 기준이 되면 남성과 여성을 대립적으로 볼 수밖에 없게 된다. 두 가지 성은 각 성에 따라 세상을 보는 두 가지 방식을 낳고, 두 부류의 사상과 심리, 결국 나란히 있으면서 결코 섞이지 못하는 두 개의 다른 세계를 낳는다. 여성적인 것이 그 자체로 하나의 세계가 되고 남성적인 것 또한 하나의 다른 세계가 되기 때문에, 경계를 넘어가는 것은 어려운 일이 되며 사회적·문화적 차이를 등한시하게 된다.

모성 능력에서 여성적인 것을 도출해내면서 여성은 본인이 선택한 존재로 정의되지 않고 자연적 특성으로 정의된다. 반면 남성에 대한 정의는 이런 경우가 없다. 남성은 언제나 자연적 특성이 아니라, 그의 행동에 의해 이해된다. 생물학의 수단을 동원하는 것은 오로지 여성에게만 해당된다. 남성이 그의 부성적 능력이나 근육의 크기로 정의되는 경우는 아예 없다. 여성은 단번에 육체에 묶이게 되는 반면, 남성은 육체에서 해방된다. 부성애란 남자들의 선택 사항인 반면 모성애는 여성들의 운명이 된다. 이 같은 생물학적 차이를 기반으로 한 우주생성론은 문제를 해결하기 보다는 오히려 문제를 야기하고 있다. 모성애를 여성성의 본질로 볼 경우, 모성애를 거부하는 여성은 비정상적이거나 병적이라고 생각할 여지가 있다. 그런 여성에게는 '남성화 된 여자'라는 꼬리표가 붙고 그녀는 정체성을 박탈당하며, 여성으로서의 자격이 없다고 선언된다. 그녀는 결국 여성 공동체로부터 내쫓긴 것과 같다. 불임 여성은 동정받는 반면, 모성애를 거부하는 여성은 여성동지들과 같은 처지가 되는 것을 거부하는 이기주의자로 단죄받기 때문이다. 그렇게 함으로써, 모성애는 선택사항이 아니며 시간을 늦출수는 있어도 피해갈 수 없는 필연적인 것임을 가르친다.

보수주의자들이 어머니가 아닌 여성을 드러내 놓고 비난하는 것을 자제하고는 있지만, 기회만 되면 주저 없이 그녀들이 남성 세계에서 한자리 차지하기 위해 인간성을 잃었다고 강조한다. 따라서 모성애를 거부하는 여성은 여성으로서의 명분을 저버렸을 뿐만 아니라, 여성-모성적 미덕에 등을 돌린 것이다. 어머니 되기를 원치 않고 자신의 자유를 만끽하고 있는 여성들, 즉 프랑스 전체 여성 인구 중 3%가 어떤 범주에도 들어가지 못하는 존재가 된다. 남자도 아니고 '진정한' 여자도 아닌 이들은 언제나 의심의 눈초리를 받게 되는 열외의 존재가 된다.

자신들의 자유를 선택한 이 여성들을 제외하면, 여성-어머니라는 개념은 본성을 기반으로 한 여성 심리학 이론을 낳았는데, 사실 당위성이 없는 이론이다. 모성 능력이라는 여성의 공통된 특징과 주 관심사가 여성이라는 한 인류를 결속시킬 것이라는 이론이다. 성 동등주의를 주장할 때, 여성이 남성보다 훨씬 더 이타적이고, 실질적이고, 평화적이라는 여성의 공통된 특성이, 마치 이 모든 미덕이 학습과 사회적 조정의 결과가 아니고 타고난 본성이라는 듯, 다시 각인되었다. 여성의 공통 관심사가 그녀들 간의 견해 차이를 이겨낼 것이고, 남자와는 아주 다른 정치적 개체를 구성할 거라고 믿는 척했다. 거기에는 세상을 보는 두 가지 관점, 즉 여성의 관점과 남성의 관점이 있을 뿐이다. 계층 간의 갈등과 남성적 이기심에 대한 견해차는 비교적 빨리 잊혔다. 마찬가지로 다양한 여성적 관점들, 특히 무엇보다도 여성과 관련된 주제들인 낙태, 산모의 급여, 시간제 근무 직장 또는 남녀동등성에 대해서는 들리지도 않은 듯 둔감하다.

사실, 정책 원리로서의 성적 상대주의는 환상일 뿐이다. 남자와 여자는 두 개의 블록처럼 분리되어 있지 않다. 우리가 자신의 이해관계와 이념에 따라 투표하는 것이지, 성별에 따른 것이 아니기도 하고, 동일한 사회와 문화에 속한 남녀 차이는 서로 계층이 다른 두 남자 사이의 차이나 또는 두 여자 사이의 차이보다 훨씬 적다는 데서도 확인할 수 있다. 그동안 주입하고자 했던 생각과는 반대로 남녀 차이는 사실 사회적 차이에 비하면 거의 무의미한 것이라 할 수 있다. 아이 둘을 키우는 실직자 어머니의 당면과제는 프랑스 국립행정학교 출신의 고급공무원 어머니나 여성 기업인과 같지 않다.

끝으로 더 심각해 보이는 것은, 남녀 차이를 강조하는 페미니즘이 미치는 즉각적이고 실제적인 영향들이다. 생물학을 기반으로 여성의 특성에 대한 기준을 만들어 냄으로써 30년 넘도록 힘겹게 싸워왔던 '성별에 따른 역할의 특화'를 미리 정당화시켜 버린 것이다. 이들이 중립성과 남녀 무차별화를 끔찍하다고 여기며 이에 대항해 투쟁해야 한다고 주장하면서부터, 케케묵은 전형적 여성상과 남성상이 예상 밖의 활기를 얻고 있다. 남자들에게는 전적으로 득이 될 것이고 여성들은 많은 것을 잃게 될 우려가 있다.

함정

상반되는 두 가지 페미니즘 이론이 잇따라 나타나면서 혼란이 가중되고 있다. 삼사십 대의 요즘 남녀는 자신도 모르는 사이에 첫 번째 페미니즘의 특혜를 누렸다. 그들은 원하지도 않았는데 두 번째 페미니즘 속에 몸을 담그고 있다. 여성들은 자신들의 성생활의 자유, 평등이라는 이상, 역할 분담을 굳건히 지지하지만 이 세 가지를 요구할 때는 예전의 믿음과는 철저히 단절되어야 함을 깨닫지 못한다. 십여 년 전부터 생리학이 다시금 대두되고 있지만 페미니스트들은 진화할 생각조차 하지 않는 가운데, 평등을 향한 행진은 어렵거나 불가능해지고 있다. 사랑이라고 말하는 대신 모성 **본능**을 내세우면서, 남자를 육아와 가사에 끌어들이고 싶어하는 것은 동시에 할 수 없는 일이다. 모성 본능을 주장하면서 육아와 가사 같은 일들이 도덕적, 정신적 의무라고 아무리 남자들에게 말해도 소용이 없게 되었으며, 그와 동시에 남자에게 자유를 쥐어준 것이다.

게다가 얼마 전부터 매스컴이 여성과 가정을 하나로 묶는 것에 대해서 검토조차 하지 않는 것을 보면 더욱 놀랍다. 모성애 이데올로기는 복귀되었고, 모성애는 다시 여성의 삶의 주축이 되어버렸다. 이렇게 되면서 오늘날 젊은 여성들은 상반되는 지령을 받는 대상이 되었고 서로를 상쇄시키고 있는 두 페미니즘 사이에서 이러지도 저러지도 못하는 상황에 놓이게 되었다. 한쪽에서는 평등의 페미니즘le féminisme de l'égalité이 그녀들에게 남자보다 고학력자라도 열세인 급여와, 직장 생활과 가사라는 이중의 일과가 그녀들에게 남겨진 몫이라는 것을 끊임없이 상기시킨다. 사실 지난 10년 동안 나아지지 않은 비정상적인 것이 바로 이 두 가지이다.[13] 또 다른 쪽에서는, 남녀 동등성의 페미니즘le féminisme de

---

13 2001년, 수십 년 만에 처음으로 남성과 여성의 급여차가 더 커졌다.

laparité이 거짓된 남성적 중립성에 의해 위협받고 있는 그녀들의 여성성을 구해주겠다고 하면서, 무엇보다도 자신이 어머니라는 사실을 기억하라고 요구하고 있다.

그 결과들은 너무나 좋지 않다.

모성 본능과 모유 수유

모성 본능으로의 대대적인 복귀는 자연주의와 본성을 내세우는 이데올로기가 지배적인 사상이 되면서 나타난 당연한 결과였다. 사회생물학자, 소아과 의사, 심리학자 들은 급진적 생태론의 한 주류 같은 확고한 가치들로 복귀해야 한다면서, 여성들이 그녀들의 어머니 세대의 남녀평등을 부르짖는 페미니스트들에 속아왔다고 설득하기 위해 남녀의 차이를 강조하는 목소리를 지지한다. 위대한 자연은 모든 것을 잘 알아서 처리해 주고 있으며 실패자를 만들어내는 것은 언제나 사회라는 것이다.

또한 모성 본능은 실제로 존재하는 것이며, 여성 각자가 매일 그것을 경험할 수 있음에 그들은 긍지를 느낀다. 모성 본능의 개념에 대해 질문하는 남자나 여자들은 여성에 대해서도, 어머니라는 존재에 대해서도 전혀 이해하지 못한 사람들이라는 것이다. 어머니 됨이 어려운 일이며 실패할 수도 있는 일임을 강조함으로써, 그러한 기준점이 없는 많은 어머니들이 죄책감을 느끼도록 했고, 어머니로서 충실하게 살고자 하는 모든 여성을 불편하게 만들었다. 더구나 모성 본능이 여성의 특성이 되어버린 이상, 그러한 본능에 이의를 제기하는 것은 결국 여성들을 비난하는 격이 된다. 역사상 어느 한 시기에 몇몇 여성 세대들이 출산을 거부한 적이 있었다는 사실을 말하는 것[14]만으로도 여성들의 정체성과 존엄성을 모독하는 일이 된다.

앙투아네트 푸크와 실비안 아가신스키가 해결이 쉽지 않은 이 문제에 즉각 뛰어들었다. 푸크는 임신과 모성적 관계를 도덕의 원리로 보았고, 아가신스키는 어머니의 사랑을 여성적 애정의 표본이라는 위치로 올려놓았다. "어머니에게 있어 자식은 뱃속에 있을 때부터 하나의 살덩이와는 다른 그 무엇이 된다. 자식은 어머니가 절대적으로 배려하는 대상이고 무한한 책임을 느끼는 대상이다. 바로 그런 이유로 전통적으로 '모성적'이라고 규정된 행동은 이러 저러한 내재성 안에 포함되는 것이 아니라 일반적으로 이타성으로 나아가는 보편적인 모델로 지정될 수 있다. 파스칼 몰리니에Pascale Molonier가 지적하듯이, "이런 관점에서 볼 때 모성애는 근원이 불분명한 자연발생적 심리 능력으로, 나아가서는 자연적 미덕으로서 이해된다. 아가신스키는 모성애가 잉태라는 생물학적 사건과 더불어 전적으로 미리 주어질 수도 있는 것이라고는 주장하지 않는다. 그러면서도 "직관성immédiateté"말고는 달리 모성애

---

14 엘리자베트 바댕테르, 《여분의 사랑, 모성애의 역사(18-20세기)》(L'Amour en plus. Histoire de l'amour maternel(XVIIIe-XXe siècle)), 1980, 포켓북, No. 5636.

의 근원을 설명하지 못하는 것을 볼 때, 결국 우리에게 제시된 것은 '철학적'으로 포장된 모성적 본능일 뿐이다."[15]

사회생물학자이며 영장류학자인 미국인 세라 블래퍼 하디Sarah Blaffer Hardy는 자신의 몇몇 동료에 비해 비교적 덜 독단적인 태도를 보이며, 포유동물의 종류에 따라 모성 본능에 차이가 있다는 것을 상당히 조심스럽게 제시한다. 이에 더해 최근 발견된 소위 '모성 본능 유전인자'라는 것이 생쥐를 대상으로 한 실험을 확대 적용한 것이기에 적절하지 못하다고 반격에 나선다.[16] 포유류 어미들이 출산 후 갓난 새끼에게 즉각 완전한 애착을 반드시 보이지는 않는다는 사실과 다만 그 **모성 본능**'이라는 것이 점진적으로 발전되는 것이고, 아주 서서히 진행되며 여기에 젖먹이도 함께 동참하는 것이라고 강조한다. 그렇지만 어머니가 되었을 때 나오는 호르몬, 즉 모유를 촉진시키는 프로락틴과 산모에게 일종의 '행복감'을 느끼게 해주는 옥시토신에 지나치게 중요성을 부여한 결과, 모성을 본능이라고까지 말하게 된 것이다. 본능이 포유동물들 사이의 유사성을 증명하는 끈, 생쥐에서 여성으로 나아가는 그 복잡한 미로에서 아리아드네Ariadnè의 실*과 같은 역할을 한 것이다.

산모 중 50%의 여성들이 모유 수유를 거부하고 있거나, 다른

---

15 《행동파 여성의 수수께끼. 이기주의, 섹스 그리고 동정》(L'Enigme de la femme active. Egoïsme, sexe et compassion), Payot, 2003년, p. 92.

16 《모성 본능》(Les Instincts maternels), Payot, 2002, p. 77. 특정한 유전인자 없이는 암쥐는 자신의 새끼를 돌보지 않는다. Les Instincts maternels, Payot, 2002, p. 77.

많은 여성이 이런 행복감을 느끼지 못하고 있다는 사실에도, 그녀는 여전히 모성적 감정을 생물학적 근거로 판단하고 있다. 그렇기는 하지만 이 영장류학자는 출산한 어미만이 유일하게 이런 감정을 느낄 수 있는 것은 아니라고 주장하면서 과감히 모성 신화에 제동을 걸었다. 모성 호르몬을 가지고 있지 않은 아버지와 그 외의 다른 사람도 이런 감정들을 느낄 수 있다는 것이다. '모성 본능'이 잠재적이고 점진적이라는 것이 인정되는 마당에, 이제는 모성애를 본능이라는 말 대신 그냥 '사랑'이라고 해야 하지 않을까?

이 영장류학자는 영아 살해는 영장류 동물에게는 존재하지 않는다는 사실과 인간 어머니가 모성애를 갖고 자식을 키우기 위해서는 사회의 도움이 필요하다는 사실을 상기시키면서 인간 어머니와 영장류 동물을 구별 짓기도 하지만, 그럼에도 이 둘을 끊임없이 비교하면서, '어머니라는 본성이 여성이 자식을 항상 최우선하게 만들었다'[17]라는 결론으로 비약하고 있다.

"일을 도모하는 것"은 자연이고, "일을 성사시키는 것"은 여성 자신의 삶과 욕망과 개인적 관심에 달려있다고 말하는 것이 오히려 더 타당하지 않을까? 여성은 한낱 암컷 원숭이가 아니다.

라디오에서 어머니들에게 조언을 해주는 소아과 의사 에드비

---

* 그리스 신화에 나오는 이야기. 크레타 섬의 왕 미노스의 딸인 아리아드네는 사랑하는 테세우스가 미노타우로스(Minotaure: 반인반수의 괴물)를 죽이고 무사히 미로의 동굴에서 빠져나올 수 있도록 그에게 한 타래의 실을 준다.
17 상동, p. 608.

주 앙티에Edwige Antier에게 영장류학자다운 과학적 신중함 같은 것은 아예 보이지 않는다. 그녀는 자신의 병원에서 매일 모성 본능을 발견하게 된다면서 모성 본능은 존재한다고 말한다. 그러니 "모성 본능은 생존을 위해 먹는 본능과 같은 종류이며, 아기를 위해서 깊이 생각할 겨를도 없이 행동하게끔 만들며, 모든 여성 안에 내재된 배려하는 마음이며, 여성의 본질 그 자체에 속한다"[18] 라고 단언할 수도 있는 것이다. 앙티에는 자신의 주장을 뒷받침하기 위해 이미 언급되었던 호르몬 이야기뿐만 아니라 생쥐의 모성 본능 유전인자 이야기도 동원한다. 상상력을 조금만 발휘해봐도, 이 이야기는 곧 여성은 한낱 암컷 생쥐라는 생각에 도달하게 될 것이다.

물론 불행하게도 식욕과 같은 자연적 욕망에 저항하는 거식증과 같은 예외가 있지만, '모성애라는 본능적 특성'에는 그런 불행한 예외가 적용되지는 않고 있다. 이런 단호한 주장들은 비록 모성적 감정의 복잡성을 이해하지는 못해도, 적어도 단순하다는 장점은 있다. 그에 반해 앙티에 박사가 표방한 목적은 문제가 될 수 있다. 그녀는 여러 면에서 비난의 대상이 된 어머니들이 '죄의식을 느끼지 않도록' 해주고 싶다고 주장한다. 많은 어머니가 느끼지도 못하는 본능적 모성애를 들먹거리면서 어머니들을 죄의식에서 해방시킬 수 있을지는 모르겠다. 사실 모성애의 강요는 윤리적, 정신적 차원에서 상당한 압박감이 되며 경제적, 사회적으로

---

18 《어머니에 대한 찬가》(Eloge des mères), 2001, p. 54.

매우 심각한 결과를 초래하게 된다.

'모성 본능'이라는 표현은 점차 확고한 제 위상을 되찾았고 대중 매체의 일상어로 자리 잡았다. 이제는 아무도 모성 본능의 논리적 타당성에 대해서는 질문하지 않으며, '부성 본능'이라는 것이 실제로 존재하는지 아닌지에 대해서만 궁금해 할 뿐이다. 인간의 도리를 내세워 모성애에 대해 이의를 제기할 수 있는 문을 완전히 닫아버렸기 때문에, 오늘날 30대의 어머니들은 모성애를 발휘하기도, 자신의 삶을 이끌어 가기도 더욱 어려워졌다고 볼 수 있다. 1970년대의 여성들과는 반대로 오늘의 젊은 여성들은 자신의 모성 본능을 의심해 볼 권리가 없기 때문이다. 현재의 지배적인 담론이 그녀들에게 끊임없이 어머니로서의 자신의 의무, 즉 그녀들의 본성에 대해 상기시켜주고 있기 때문이다.

모유 수유의 의무가 재등장한 것도 바로 이와 같은 관점 때문이었다. 여성 각자가 자신의 욕망과 개인적 이해에 따라 모유 수유를 선택할 수 있도록 놔두지 않고 몇 년 전부터 전례 없는 모유 수유 캠페인이 벌어지고 있다. 예전에는 자연보호론자들이 분유를 맹렬히 공격했지만 지금은 세계보건기구가 모유를 적극 추천하면서 모유 수유가 유럽의 강령이 되었으며, 이제는 라레체리그La Leche League*가 어머니들을 장악하고 있다. 이 새로운 가설이 옳다

---

* 세계 보건기구와 유니세프가 공인한 국제 모유 수유 어머니들의 모임, 비영리 단체로 전 세계 60개 국에 확산되어 있으며 신생아에게 모유 먹이기에 따른 정보 및 도움을 산모에게 주고 있다.

는 것을 증명하기 위해 많은 과학적 연구들이 발표되었다. "모유를 먹은 아이는 성인이 되었을 때 그로 인한 혜택을 누리게 될 것이다. 예를 들어 비만, 당뇨, 고혈압, 동맥경화, 심근경색, 천식, 알레르기, 충치, 고르지 못한 치아와 다발성 경화증 등과 같은 다양한 문제에 더 나은 면역성을 갖게 된다는 것이다. 아기는 단순히 젖을 먹기만 해도 평생 더 높은 IQ를 갖게 될 것이다."[19]

다른 과학적 논문들이 이런 연구들에 상당한 반격을 가했지만 아무 소용이 없었으며, 세계보건기구는 "모든 여성들이여, 모유를 먹여라!"는 공문을 발송했다. 이 말은 모유를 먹이는 프랑스 산모의 50%에 해당하는 과반수의 산모처럼, 단 몇 주 동안만 젖을 먹이라는 뜻이 아니다.[20] 제네바의 전문가들은, "아기는 6개월까지는 젖병을 멀리하는 것이 좋다고 본다. 이것은 오히려 어머니들에게도 아주 좋은 일이 될 것이다. 왜냐하면 오랫동안 모유를 먹인 여성들은 유방 종양의 위험이 적기 때문이다"[21] 라고 했다.

세계보건기구의 이 행동지침은 1999년 모유 수유를 권장하는 유럽 강령으로 나타났다. 분유 제조업체가 받는 상업적 압박을 줄이겠다는 의도에서, 이제 산부인과 분만실에서는 분유를 공짜로

---

19 에스텔 사제(Estelle Saget), 《렉스프레스》, 2002년 10월 31일자.

20 프랑스에서는 3개월 이후에도 모유 수유를 계속하는 어머니들이 10%인데 반해 스웨덴과 노르웨이에서는 70%, 독일과 스페인에서는 40%에 이른다.

21 영국의 암연구소에서 15만 명의 여성을 상대로 조사한 전염병학 연구 결과, 《더 란세트》(The Lancet) 잡지에 2002년 7월 20일 발표.

주지 않게 되었고, 병원 관계자들은 산모들에게 다음과 같은 설명을 해주도록 지침이 내려졌다. ⓐ 모유 수유의 이점과 우수성 ⓑ 산모의 영양과 모유 수유에 필요한 준비와 수유를 지속하는 방법 ⓒ 모유와 분유를 섞어 먹일 경우 발생할 수도 있는 후유증 ⓓ 유아용 가공식품으로 양육할 경우 모유 수유로 전환이 어렵다는 점 ⓔ 필요한 경우 유아용 가공식품을 올바르게 고르기 위한 자료들은 그 가공식품이 갓난아이를 위한 이상적인 해결책임을 알릴 수 있는 그 어떤 비유도 포함되지 않는 것이라야 한다.[22]

이런 식의 압박에 저항하려면 그야말로 자기 주관이 무척 뚜렷해야 한다는 것은 누구나 기꺼이 인정할 것이다. 출산 직후의 여성은 보통 쇠약해진 상태에 놓여 있다. 자신을 기다리고 있는 많은 일을 곰곰이 생각하면서, 그녀에게 기대되는 모성 본능에 대해서는 알지도 못한 채 조언들에 목말라하며 '전문가'의 지령을 따른다. 그 결과 산모들은 본인이 원하지도 않으면서도 젖을 먹이게 되거나, 집으로 돌아오자마자 젖을 떼기도 한다. 그러나 그처럼 항변의 여지가 없는 구속력에 불복한 데서 오는 그녀들의 죄의식에 대해서는 누가 말해 줄 수 있는가? 다행히 종종 페미니즘 투쟁에 참가했던 프랑스의 산부인과 관계자들이 다른 나라에 비해 산모 개인의 자유를 더 많이 존중하는 편이다. 그 덕택에 프랑스의 젊은 어머니들은 이웃의 유럽 어머니들에 비해 모성애에 따른 의

---

22 관보에 발표된 1998년 8월 8일 법령 제1조.

무의 굴레에 덜 속박되어있는 편이다.

　중요한 것은 페미니스트들 중 그 누구도 이러한 퇴행적인 변화에 이의를 제기하지 않았다는 것이다. 모성애를 느끼지 못하는 어머니들이 죄의식을 갖게 만드는 이 새로운 현상, 20년 전*만 해도 결코 수락될 수 없었을 이 현상에 단호하게 맞서는 매스컴의 캠페인 역시 하나도 볼 수 없었다. '아무 말 없는 사람은 동의하는 사람'이라는 속담처럼 돼버린, 혼자서, 올바른 정보도 없이, 스스로 알아서 하도록 내버려진 많은 젊은 어머니를 생각하고 그녀들을 대변했어야 했다.

모성 본능과 시간제 근무

경제 위기와 맞물려 은연중에 또는 공공연하게 모성 본능이 강조되면서, 양성평등으로 나아가려는 노력이 무력화되는 결과를 가져왔다. 어머니들이 집에 남아 있도록 모두가 결탁했다. '자녀교육을 위한 부모 수당'이라는 그럴듯한 명목하에 어머니에게 지급되는 수당은 최저 임금의 절반에 해당하고, 이마저도 1985년에만 해도 아이를 셋 이상 가진 어머니들에게만 배당되었다. 그로부터 9년 뒤에는 둘째 아이를 가진 어머니에게도 적용되었다.[23] 이 해결책이 제일 먼저 적용된 어머니들은 당연히 경제적으로 가장

---

*　본 책 원서의 출간 연도(2003년)로 기준 잡았을 때 1980년대 경.
23　1994년 9월 1일 제정법.

어렵고, 교육 수준도 가장 낮아 직장에 근무하기도 어렵고, 아이들을 남에게 맡기는 비용을 감당할 수 없는 어머니들이었다. 또한 자신이 밖에서보다는 집에서 더 좋은 어머니 역할을 할 수 있다고 생각한 여성들이었다. 많은 어머니가 이 수당을 받기 위해 직장을 그만두었고[24] 결과는 매우 양면적으로 나타났다. 아주 좋은 결정이었다고 생각하는 어머니들이 있는가 하면, 그와는 반대로 굉장히 후회하는 어머니들도 있었다. 아이들이 커 가면서 수당이 끊기게 되자 많은 어머니가 실직자가 되고, 남편에게 의존하거나 종종 아이를 혼자 키우는 상황에서 노동시장으로 되돌아갈 수 없게 되었다. 시간제 근무자가 되어[25] 대단히 힘든 업무시간에 비해 형편없는 보수를 받고 있었던 이들이 바로 이들이다. 1997년부터 시작되는 경제 회복기에 가장 혜택을 받지 못한 이들이 바로 이 여성들이다. 그녀들은 최저임금층을 형성하고 있고 최고실업률을 겪는다. 만일 그녀들에게 탁아소에 아이를 맡길 수 있게 해주었더라면, 그녀들은 아마도 계속 직장을 다녔을 것이고, 경제적 빈곤을 피할 수도 있었을 것이다.

그러나 시간제 근무는 가장 불안정한 여성층에게만 해당되는 사항은 아니다. 1990년대 초반부터 시간제 근무는 모든 사회 계

---

24 L'APE(자녀 교육을 위한 부모 수당)는 시간제 근무의 경우에도 혜택을 받을 수 있다. 1994년부터 아이 둘을 가진 직장 여성의 숫자가 70%에서 55%로 감소했다.
25 1998년 시간제 근무의 85%를 여성들이 담당했으며, 직장 여성의 거의 3분의1이 시간제 근무에 종사하고 있었다.

층을 향한 이데올로기적 담론의 쟁점이 된다. 남성이 아니라 여성에게 가정생활과 직장생활을 양립할 수 있게 해주는 기적적인 해결책으로 제시된 시간제 근무는 단번에 '여성=가정'이라는 등식을 강화시키면서, 가사 의무 동참에 대한 기대감으로부터 남성들을 해방시켜 주게 된다.

시간제 근무를 가장 맹렬하게 지지하는 이들은 모성 본능 옹호자들이다. 그들은 "시간제 근무가 급여, 퇴직 연금, 직장 경력에 있어 여성을 불리하게 만든다"고(실제로 그렇다) 주장하는 페미니스트들 때문에 오히려 여성들이 노동 시간을 조정해서 생활하지 못했고, 결국 어머니들의 불안감을 야기했다고 이들을 비난했다.[26] 여기에 하나 더 추가하자면, 배우자에게 의존하게 되는 것도 여성을 불리하게 만든다. 그러나 모성 본능 옹호자들은 이런 것을 우려하지 않는다. 무엇보다도 모성 본능과 직업적 요구를 잘 타협시키는 것이 이들의 급선무이기 때문이다. '무엇을 더 우선시해야 하는가? 어머니로서의 당신의 역할을 가능한 한 많이 다른 사람에게 양도해야 하나, 아니면 당신의 직장 생활의 일부를 포기해야 하는가?[27]라고 에드비주 앙티에는 묻는다. 그 대답은 당연히 모성 본능 옹호자답다. "육아 휴가나 시간제 근무를 원하는 여성들이 점점 더 많아지고 있다. (…) 내가 만나는 여성들은 모두 아이들의 바람직한 성장을 위해서라면 직장에서의 승진을 제쳐놓을 준

---

26 E. 앙티에, 상기 인용, p. 22.
27 상동, p. 153.

비가 되어있다. 아이들을 재우고, 젖을 먹이고, 말을 가르친 다음, 학교에 다닐 동안에는 학교에 데려다 주고, 학교생활을 잘 하도록 보살핀다. 나는 그런 그녀들을 응원한다. 왜냐하면 우리의 기나긴 인생에 있어 모든 것에는 때가 있기 때문이다. 아이가 다 컸을 때, 다시 직장에 돌아가 자신의 경력을 이어나가는 것은 가능하다."[28]

40세를 넘긴 여성이 취업하는 것도 아주 어려운 판에, 경력을 이어가는 것은 훨씬 더 어렵다. 그것 말고도 이런 접근 방식은 부모로서의 의무와 가사 분담에 얼굴을 찌푸리는 남자들에게는 그야말로 잘된 일이다. 그럼 이 모든 일에 있어서 아버지는? (…) 앙티에가 본 아버지의 역할은 기본적인 것이다. 그러나 우리가 그렇게도 원했던 아버지의 역할이란 것이 단지 기저귀를 갈아주고, 우유를 먹이고, 잠을 재우고, 복제 어머니가 되는 것, 신형 아버지가 되는 것인가? 아니면 "배우자, 어머니의 지지자, 보호자, 어머니를 찬양하는 사람인가?"[29] 마치 40년 전으로 되돌아간 것 같은 느낌이 든다. 로랑스 페르누Laurence Pernoud*가 아주 유용한 충고들을 해주던 그 때보다 더 이전의 상태로 말이다.

보육시설에서 일하는 여성들은 근무시간이 남성들의 근무 시간 보다 적지만(아이 한 명당 1시간에서 아이가 넷 이상일 경우에는

4시간 30분 이상), 반대로 집에서는 아버지보다 노동 시간이 훨씬 길다는 사실에 대해서 어떻게 놀라지 않을 수가 있는가? 정규직으로 하루 종일 근무하고 집에서도 일을 하는 여성들의 이중 노동시간과는 어떻게 싸워야 하는가? 여성이 집에 남아 가사를 돌보는 것이 여성의 본능이라며 즉각 여성에게 그 본능을 부여하는 사회라면, 급여와 직위에 있어서의 남녀 불평등을 어떻게 없앨 수 있겠는가? 사회가 이런 식의 이야기를 받아들인다면, 성에 따라 특화된 역할을 당연하게 받아들일 것이고, 더불어서 이런 특화된 역할은 남성과 여성의 사회적 신분 간의 격차도 정당화시킬 것이다. 남녀의 생물학적 차이를 내세우는 페미니스트들이 이런 결과를 원한 것은 아니겠지만, 그들의 이론에는 이를 저지할 만한 것이 아무 것도 없다. 그들은 남성과 여성을 상이한 이해관계를 가진 두 개체로 구별하기 때문에, 양성평등으로 나아가는 유일한 길인 남녀 역할의 차이를 없애기 위한 투쟁을 동시에 할 수는 없다. 남녀동등주의를 외치는 어떠한 말보다도 보조 탁아소와 재택 육아를 위한 보다 나은 기회들을 만들어 내는 것이 양성평등의 길에 더 기여한다. 마찬가지로 아버지에게 주는 육아 휴직[30]은 개인적인 일과 가정생활의 양립이 단지 어머니만 관련된 문제가 아니라는 것을 상징적으로 보여 줄 것이다.

---

30 《엘르》지 2002년 12월 30일 자 참조. 2002년 1월 도입된 아버지를 위한 육아 휴직은 3일에서 2주로 늘었다. 1년 만에 30만 명의 아버지가 이 휴가를 사용했고, 이 숫자는 2002년에 출생한 아이가 있는 남성의 40%에 해당한다. 이 휴가를 사용한 남성들은 어머니들을 짓누르는 다양한 일들을 경험했다고 말했다.

맺음말

 평등이란, 같은 것(=)을 기반으로 발전하는 것이지 다른 것(≠)을 기반으로 하는 것이 아니다. 이 기본적인 논리를 잘 이해하지 못하고 용어의 의미만을 강조하려 든다면, 원하던 것과는 정반대로 나아가게 된다. 다름 안에서 평등에 호소하는 성 동등주의는 시한폭탄과도 같다.

 보았던 대로, 우리는 너무도 빠르게 '차이'는 과대평가하고 '평등'은 상대적 차원에서 본다. 남성과 여성 간에 차이가 있다는 것은 기정사실이지만, 이 차이가 역할이나 기능들을 미리 결정짓는 것은 아니다. 서로 완벽하게 차단된 남성 심리와 여성 심리라는 것도 존재하지 않으며, 남성과 여성의 정체성이 영원히 고정되어 있는 것도 아니다. 일단 자신의 정체성을 획득하고 나면, 성인 각자는 자신이 원하는 대로 또는 자신의 능력이 닿는 대로 자신의 정체성을 완성해 나간다. 상투화된 남성상·여성상의 절대 권력에 종지부를 찍으면서 우리는 수많은 가능성을 향해 나아갈 수 있다. 유니섹스가 지배하는 씁쓸한 시대가 새로 자리 잡게 될 거라고들 하지만 그것은 아니다. 역할에 차별을 두지 않는다는 것은 남녀 정체성에 차별을 두지 않는다는 의미가 아니다. 오히려 그 반대로 역할의 무차별화는 역할들이 다양해지기 위해 필요하며, 우리의 자유를 위해서도 필요하다.

'우리의 지표들'이라고 점잖게 불리던 예전의 고정관념들이 우리를 구속했지만 우리를 안심시켰던 것도 사실이다. 오늘날에는 이 지표들이 무너지면서 많은 사람이 혼란에 빠졌다. 많은 남성은 그것이 남성의 제국이 무너진 원인이라고 보았고, 여성에게 그 대가를 치르게 하고 있다. 그 중 많은 여성이 경계선의 재건을 전제로 하는 새로운 윤리 체계를 세움으로써 이에 대항하려 한다. 이것은 반드시 피해야 할 함정이다. 자유를 잃고 싶지 않다면, 평등을 향한 행진에 제동을 걸고 싶지 않다면, 그리고 남녀 분리주의와 다시 관계를 맺고 싶지 않다면 말이다. 이런 유혹은 1980년대부터 들려오는 지배담론들이 보내는 유혹이다. 그러나 그들의 기대와는 달리, 이것이 여성들이 놓인 상황을 향상시킬 가능성은 아주 희박하다. 오히려 남성과 여성의 관계를 손상시킬 우려가 있다. 우리가 잘못된 길을 가고 있다고 하는 것이 바로 이런 것이다.

소중한 조언을 해준 미슐린 아마르Micheline Amar에게 감사한다.

엘리자베트 바댕테르와 페미니즘 운동

엘리자베트 바댕테르Élisabeth Badinter는 1970년 16세 때 시몬 드 보부아르의《제2의 성》을 읽은 후 페미니스트의 길로 들어선다. 젊은 시절의 보부아르에 대한 그녀의 애정은 남녀를 성적 차이로 접근하는 남녀 분리주의에 대한 강한 거부감으로 남았다. 그녀의 아버지는 현대적 의미의 프랑스 최초 광고회사 퓌블리시스Publicis 를 창업한 '프랑스 광고의 아버지' 마르셀 블뢰스텡-블랑셰Marcel Bleustein-Blanchet이다. 그녀의 부모는 세 명의 딸을 두었는데, 이들 은 모두 성 평등에 대한 확신을 가진 선각자들이었다. 바댕테르의 아버지는 그녀에게 "집념을 가지고 노력해라. 그러면 원하는 것을 얻게 될 것이다. 사는 동안은 누구도 너를 마음대로 하지 못하게 해야 한다"고 말해왔다. 바댕테르는 22세에 변호사였던 로베르 바댕테르Robert Badinter와 결혼했고, 그녀의 남편은 미테랑 대통령 시절 법무부 장관을 지냈으며 이후 상원의원을 역임했다.

초기 사상과 활동

1970년대 초 페미니즘은 격해지고, 여성은 남성과 같은 인간임을 부르짖는다. 여성이 낙태의 권리와 법적으로 가정과 일터에서 남자와 동등한 위상을 획득했을 때 바댕테르는 환호했다. 반면 에코 페미니즘과 차이의 아름다움을 예찬하는 목소리에는 무관심했다. 바댕테르는 여성의 생물학적 우위를 강조하는 모성애 신화를 비판하면서 모성적 본능이란 존재하지 않으며 여성과 남성 사이의 문화적 차이일 뿐이라고 말했다. 이런 관점은 소아과 의사 에드비주 앙티에 같은 과학도들에 의해 반박되고 있다. 매우 진보적이고, 열린 시각을 갖고 있는 바댕테르는 이슬람 근본주의자들에 의해 핍박받는 아프가니스탄 여성들을 옹호하면서 이슬람교가 여성에게 강요하는 히잡에 대해 특히 반대하며, 프랑스 정부가 이것을 허용하기까지 아무 조치도 취하지 않은 동료 페미니스트들을 비판한다. 마찬가지로 매춘과 매춘부에 대해서도 동일한 입장을 취하는데, 매춘부들의 존재와 그들의 일을 도덕적으로 무조건 죄악시하기보다 여기에서 벗어나고자 하는 이들의 의견을 청취하고 이들이 원하는 도움을 주는 것이 또 다른 인권유린을 유발하지 않을 것이라고 말한다. 이와 관련하여 《여분의 사랑: 모성애의 역사(17-20세기)》(Flammarion, Paris, 1980)는 모성 본능은 타고난 것이 아니라 가꾸어 나가야 할 일종의 사랑이라고 설파하고 있으며, 1986년 출판된 《하나는 또 다른 하나이다》(Odile Jacob, Paris, 1986 ; 《남과 여》라는 제목으로 최석 번역, 문학동네, 2002)에서는 자신이 페미니즘에 대해 주장한 개념인 보편주의를 확고히 한다. 《XY, 남성의 본질에 대하여, 남성으로 태어나는 것이 아니라 남성으로 되는 것이다》(Odile Jacob, Paris, 1992 ; 최석 번역, 민맥, 1993)에서는 남성들이 남성으로 만들어지는 과정에서 겪게 되는 고통을 강조한다.

《잘못된 길》에 대해

2003년 프랑스에서 출간된 이후 세계 여성 운동사에 한 획을 그은 저작이라는 평가를 받은 이 책은 극단적 페미니즘 운동을 비판하는 신랄한 시선을 가차 없이 보여준다. 이 책은 최근 페미니즘의 잘못된 길을 엄정하게 비판하면서 이들의 안이한 절충주의에 던진 작은 폭탄이라고 할 수 있다.

우선 바댕테르는 페미니즘의 '희생자주의'가 가져오는 폐해를 지적한다. 그녀에 따르면, 여성들은 과거에도, 현재에도, 그리고 미래에도 남성들의 희생자가 아니다. 남성과 여성의 차이는 이 둘의 유사점보다 더 큰 것도 아니다. 할당제라는 요새에서 보호해야 할 약한 종족도 아니다. 남성 지배의 희생물이라는 이미지가 무수한 난관을 어렵게 헤쳐나간 여성상보다 더 관심을 끄는 것은 사실이지만, 그녀는 좀 더 긍정적인 여성상을 발전시키기 위해 페미니스트들이 만들어 놓은 이런 불쌍한 이미지를 벗어버릴 것을 촉구한다. 바댕테르의 이런 주장은 당혹스럽기까지 하다. 더구나 그녀가 프랑스의 페미니즘을 성장시킨 이론적 토대를 만들기 위해 가장 열렬하게 공을 들인 지식인들 중 하나이며, 30년 동안 여성해방운동MLF의 가장 적극적인 투사였기 때문에 59세의 나이에 발표한 이 책은 하나의 사건이라고 할 수 있다.

페미니즘의 희생자주의에 대한 반격

1970~1990년대는 계급투쟁이 성의 투쟁으로 전환된 시기이다. 여성들은 여성들의 권익 보호를 위해 새로운 무기를 만들었다. 남성은 절대악이 되고, 여성은 어린이처럼 연약하고 순수한 존재로 등장한다. 여성이 아무런 힘없는 희생자가 되면서 남녀의 차이를 강조하는 남녀 분리주의가 태어나고, 남녀는 하나가 될 수 없게 된다. 바댕테르는 이런 페미니즘의 희생자주의에 대해 말하면서 성공한 여성보다 남성 지배의 피해자를 선호하는 경향에 대해 한탄한다.

바댕테르는 몇몇 페미니스트들이 정확하지도 논리적이지도 않은 앙베프의 통계수치(10%의 프랑스 아내들이 남편의 폭력에 시달린다는 통계)를 가지고 남성들을 폭력적이라고 격렬하게 몰아붙임으로써 남녀관계를 이상적 동반자로 보기보다 적대적으로 대치하게 했으며, 여전히 적잖은 여성들이 남편들에게 학대당하고 살해당하는 현실을 크게 개선하지 못했다고 본다. 같은 시기 법학자 마르셀라 이아퀴브Marcela Iacub와 인구통계학자 에르베 르 브라Hervé Le Bras 역시 이 통계수치에 문제를 제기하면서, 페미니스트들이 '희생자주의' 이념을 정당화하려는 의도로 엄정성을 포기했고 애매한 질문과 응답을 가지고 여성의 희생자 측면을 과장했다고 비판한다.

이런 '희생자로 자처하기', '희생자주의'는 바댕테르의 방식도 그녀가 꿈꿔 왔던 페미니즘도 아니다. 젊은 시절, 그녀가 낙태 찬성과 성 평등을 외쳤을 때는 수동적인 여성상보다는 적극적인 미래 여성상을 꿈꿨을 것이다. 바댕테르는 사람은 배운 대로 만들어지며 남녀는 성적으로 이미 결정되었다기보다 교육으로 결정된다고 본다. '우리를 결정짓는 것은 자연이 아니라 문화'라는 것이다.

페미니즘의 잘못된 길은 여기서 그치지 않는다. 바댕테르는 프랑스 내 이슬람계 여학생들에게 히잡 착용을 허용한 것은 모든 문화와 풍습을 존중한다는 '톨레랑스'라는 이름하에 여성의 몸을 죄악시하는 상징을 허용한 것으로, 성 평등을 끝장낸 것이라고 생각한다. 또한 그녀는 프랑스 정부와 프랑스 페미니즘이 공동체 정신을 내세우는 이들(특히 이슬람교)의 압력에 굴복하여 차별주의적 이념을 보여주었으며, 여성을 억압하는 배타성, 비관용주의가 발전되는 계기를 허용했다고 주장한다.

나아가 누구도 감히 반박하지 못했던 모성적 사랑과 여성성에 대한 바댕테르의 비판 역시 상당히 충격적이다. 모성적 사랑의 강요는 오히려 여성을 남성의 지배, 특히 경제적 지배로 가게 만든 원인이 되었다는 그녀의 반박은 얼마나 조심스럽게, 그리고 충분한 검토 후 페미니즘 운동을 전개해야 하는가를 일깨워준다. 더구나 전통적 여성상이 반박되고 여성들도 폭력적이 될 수 있다는 사실의 제시는 '속성은 누구도 비켜나가지 않는다'는 인간의 보편성을 보여준다. 점점 많은 여성들이 사회로 진출하고 있는 현 상황에서 여성에게 불리할 수 있는 이런 대담한 담론은 그녀에게도 쉬운 일은 아니었던 것 같다. 그녀는 2003년《렉스프레스》지 자클린 레미Jacqueline Remy 기자와의 대담에서 여성을 거룩하게 보는 현재의 지배이념에 반대하며 나아간다는 것은 그렇게 쉽지 않았지만, 그럼에도 몇 년 동안 간직하고 있던 것을 말하게 되어 마음이 편하다고 고백한다.

《잘못된 길》의 페미니즘 활동에 대한 비판은 필요한 성찰이자 지배담론에 맞서는 용기 있는 행동이다. 물론 페미니즘에 대한 일방적 비판이 문제가 될 수 있지만, 적어도 바댕테르의 책은 우리가 (남녀 모두 포함해서) 진정한 인간으로서 살아가야 할 길 도처에 남성 지배의 함정, 그것도 교묘히 본질을 감춘 채 파악하기도 쉽지 않은 다양한 변형된 함정들이 있다는 것을 분명히 알려준다. 그리고 약자들의 환경을 개선하는 것 또한 만만치 않은 일임을 보여준다. 그러나 이 모든 것은 적을 만들면서 힘으로써 성취될 수 있는 것이 아니라 동맹을 통해, 동지를 만들면서 가능하다는 것 또한 분명한 사실임을 깨닫게 한다.

최근 국내에서도 여성들의 목소리가 점점 더 힘을 얻고 있다. 오랫동안 가부장적 유교사회의 영향 아래에 있었던 한국 여성들은 21세기에 접어들면서 '페미니즘'이라는 거대 담론을 통해 의식적 혹은 정치적 탈피를 하는 것처럼 보이기도 한다. 미국에서 시작되어 전 세계 여성들의 연대를 확인하게 했던 '미투 운동'이 대표적인 예이다. 국내에서도 특히 문화예술계의 폭력이 여성 피해자들을 통해 고발되었고, 그간 비판 없이 혹은 암암리에 이루어졌던 성폭력의 심각성이 확인되었으며, 사회 구성원들의 인식을 성숙하게 만든 계기가 되었을 것으로 생각한다. 하지만 바댕테르가 《잘못된 길》에서 경고하듯이 국내에서 진행되는 페미니즘 역시 때로는 남성 혹은 여성의 생물학적 우열을 논하거나, 남성을 잠재적 성범죄자로 만들거나, 또는 여성만의 담론으로 치우치는 오류를 범할 수 있다는 것을 경계해야 할 것이다. 진정한 페미니즘은 여성의, 여성에 의한, 여성만을 위한 것이 되어서는 안 되며 남녀의 차이를 이해하고 서로의 동지애를 키워 가는 것이 진정한 의미에서의 페미니즘이라는 것을 알아야 할 것이다. 바댕테르의 열렬한 페미니즘 운동과 또 그만큼의 치열한 고민이 이 책을 읽는 독자들에게도 울림이 되길 바란다.

잘못된 길

초판 1쇄 발행 | 2020년 2월 26일

지은이 엘리자베트 바댕테르
옮긴이 나애리, 조성애
펴낸이 이은성
편집 김지은
디자인 이다래
펴낸곳 필로소픽

주소 서울시 동작구 상도동 206 가동 1층
전화 (02) 883-9774
팩스 (02) 883-3496
이메일 philosophik@hanmail.net
등록번호 제 379-2006-000010호

ISBN 979-11-5783-170-8 93330

필로소픽은 푸른커뮤니케이션의 출판 브랜드입니다.
이 도서의 국립중앙도서관 출판시도서목록(CIP)은
서지정보유통지원시스템 홈페이지(seoji.nl.go.kr)와
국가자료공동목록시스템(www.nl.go.kr/kolisnet)에서 이용하실 수 있습니다.
(CIP제어번호: CIP 2020000281)

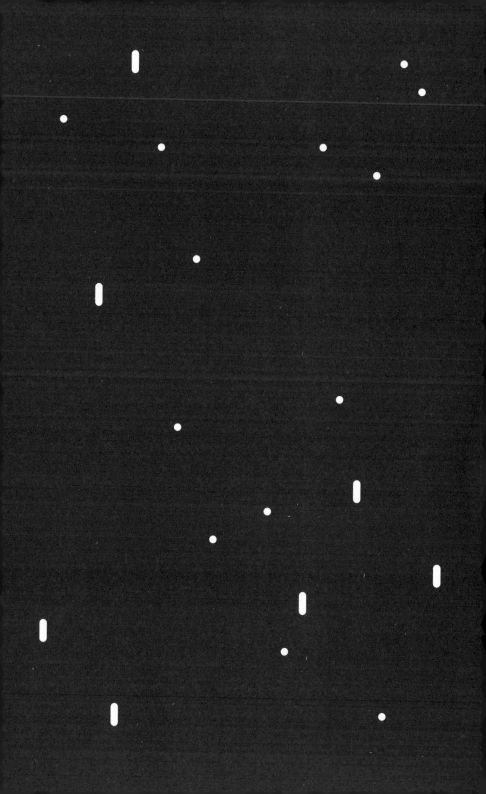

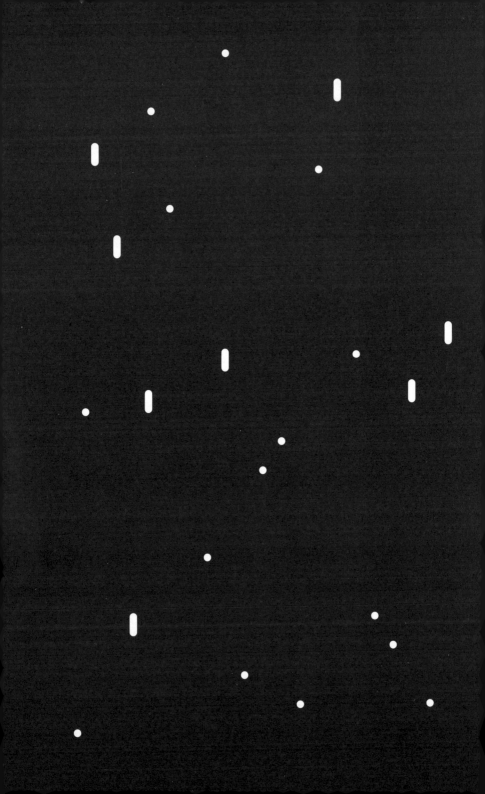